本书为昆明理工大学哲学社会科学学术精品培育项目：张岱年"综合创新"文化观（JPYC2024005）资助成果

本书获昆明理工大学马克思主义学院"红土文库·马克思主义理论学科建设丛书"资金支持

红土文库·马克思主义理论学科建设丛书

纳雪沙 ◎ 著

张岱年综合创新文化观

中国社会科学出版社

图书在版编目（CIP）数据

张岱年综合创新文化观 / 纳雪沙著. -- 北京 : 中国社会科学出版社, 2025.5. --（红土文库 : 马克思主义理论学科建设丛书）. -- ISBN 978-7-5227-4800-9

Ⅰ. B262.5；G02

中国国家版本馆 CIP 数据核字第 2025Q3L927 号

出 版 人	赵剑英
责任编辑	杨晓芳
责任校对	禹　冰
责任印制	张雪娇

出　　版	中国社会科学出版社
社　　址	北京鼓楼西大街甲158号
邮　　编	100720
网　　址	http://www.csspw.cn
发 行 部	010-84083685
门 市 部	010-84029450
经　　销	新华书店及其他书店

印　　刷	北京君升印刷有限公司
装　　订	廊坊市广阳区广增装订厂
版　　次	2025 年 5 月第 1 版
印　　次	2025 年 5 月第 1 次印刷

开　　本	710×1000　1/16
印　　张	13.75
插　　页	2
字　　数	184 千字
定　　价	88.00 元

凡购买中国社会科学出版社图书，如有质量问题请与本社营销中心联系调换
电话：010-84083683
版权所有　侵权必究

丛书编委

王海云　殷国禺　张燕　王威　赵旭　段阳

红土文库·马克思主义理论学科建设丛书

总　序

马克思主义是立党立国、兴党兴国的根本指导思想。坚持和加强马克思主义理论指导是我们党坚定信仰信念、把握历史主动的根本所在。马克思主义深刻揭示了自然界、人类社会、人类思维发展的普遍规律，是科学的理论、人民的理论、实践的理论，为人类社会发展进步指明了方向。马克思主义指明了人类寻求自身解放的道路，推进了人类文明的进程。在人类思想史上，就科学性和影响力而言，还没有哪一种理论像马克思主义那样对人类文明进步产生了如此广泛而深刻的影响。当今世界正经历百年未有之大变局，中国正处于以中国式现代化全面推进强国建设、民族复兴伟业的关键时期。中华民族要实现伟大复兴，一刻也不能没有理论思维和思想指引。

时代是思想之母，实践是理论之源。实践发展永无止境，我们认识真理、理论创新就永无止境。为深入推进马克思主义基本原理、马克思主义中国化、思想政治教育、中国近现代史基本问题研究，特别是21世纪马克思主义研究、当代中国马克思主义，不断开辟马克思主义中国化时代化新境界，推动马克思主义不断焕发出强大的生命力、创造力、感召力，昆明理工大学马克思主义学院推出"红土文库·马克思主义理论学科建设丛书"。该套丛书不仅解答理论之思，回答马克思主义中国化的实践之问，也以新时代党的创新理论为引领，立足新时代伟大实践，研究思想政治理论课改革创新，坚持不懈用习近平新时代中国特色社会主义思想铸魂育人。该套丛书作为一个开放性的文库，将定期推出学院教师国家社科基金、教育部项目系列成果，也推出青年教师的学术启航新作。本丛书的出版旨在激发学院教师进一步投身于马克思主义理论的研究之中，致力于产出高水平的学术成果，为马克思主义理论体系的丰富和发展添砖加瓦。

在庆祝中华人民共和国成立75周年之际，欣闻这套丛书面世，倍感欣慰。自2000年以来，昆明理工大学马克思主义学院的教师们已成功申请并主持了37项国家社会科学基金项目和24项教育部项目，并在此基础上获得省级社科成果一等奖近10项，省部级奖励50余项。这一系列成就的取得，不仅标志着我院教师在学术研究上的显著进展，更体现了老师们从初登讲坛到如今能够深入学习、深刻理解、真诚信仰、积极应用并有效传授马克思主义理论的蜕变过程。昆明理工大学的思政课教师以实际行动践行了对党的庄严承诺，坚守对马克思主义的坚定信仰，肩负起为党育人、为国育才的重大使命。

我投身于马克思主义理论工作已有70余载，经历了高校马克思主义理论教育"85"方案、"98"方案、"05方案"的贯彻实施，参加了马克思主义理论研究和建设工程重点教材《马克思主义基本原理概论》的编写。作为一名耕耘在思政讲坛一线的普通教师，我曾三次踏入人民大会堂，亲耳聆听了三位总书记的重要讲话，即便到了耄耋之年，仍能为党的理论教育贡献一份力量，并被遴选为马克思主义理论研究和建设工程的首席专家，我感到非常荣幸。有人将我比作"老骥伏枥，志在千里"，但我更愿意说，我是"老骥伏枥，志在马列"。回顾70多年的教育生涯，我感到无比的自豪、幸福与光荣。因为我用科学的理论培养了成千上万的学生，助力他们成长为社会主义事业的建设者和接班人。通过不懈的努力，昆明理工大学马克思主义学院的团队正在成长为一支政治强、情怀深、思维新、视野广、自律严、人格正的教师队伍和马克思主义理论研究队伍，我们正以自己的微薄之力，推动着马克思主义理论研究的发展。我们的研究成果尚存诸多不足，恳请各位专家学者给予批评指正，以助我们不断进步。

王展飞

2024 年 10 月

前　言

本书主体部分，脱胎于我的博士学位论文，原名《马克思主义文化哲学的理论奇葩——张岱年综合创新文化观研究》。

从学术方面讲，马克思主义文化理论是马克思主义的重要组成部分，当前中国学术界对马克思主义文化理论的研究主要集中于"两头"。一曰"源头"，即追根溯源、回到文本，对马克思主义经典作家的文化理论进行梳理和研究；二曰"潮头"，即关注现实、凸显问题，对马克思主义文化理论的最新成果进行研究，集中表现为对习近平文化思想的研究。然而在"两头"中间还有学术史的发展过程尚需研究，本书的研究路向就是在"两头"中间选取马克思主义文化理论发展过程中的重要学者之思想进行研究。综合创新论是马克思主义文化理论在中国发展的重要成果，张岱年先生的综合创新文化观是马克思主义文化综合创新理论的最初探索，该理论为中国文化走向和世界文明的发展贡献了伟大的中国智慧。本书以张岱年综合创新文化观为研究对象，以20世纪30年代、80年代和90年代三个重要历史时期为纵轴，以张岱年文化理论涉及的基本问题为横轴，尝试系统勾勒出张岱年综合创新文化观的理论全貌，从学理层面厘清其对马克思主义文化理论的贡献。

张岱年对马克思主义文化综合创新理论的最初探索影响和启迪了一批研究者，他们沿着这一理论方向继续推进。学界有"综创学派第三代"的提法，第一代即张岱年、张申府二位先生，第二代是方克立先生，第三代的谱系里包括洪晓楠、杜运辉等研究者和相关机构。杨学功认为第三代的范围更广，王东的综合创新哲学也应包括在内。所谓三代的划分有待商榷，但从学术传统上讲，本书属于王东先生的综合创新哲学一脉。据王东先生回忆，张岱年先生曾对他有两次学术嘱托，可谓终生难忘。第一次是1993年二位先生同乘一车去开会途中，张岱年郑重地说："王东同志，你支持我倡导的综合创新文化观，我非常高兴，希望你能把这个理论再发展发展，使它发挥更大作用。中国历史上有个'颜李学派'，虽说最早是由颜元创立的，可是后来是由李塨继承发展，才有了更大影响……"[①] 第二次是1997年王东先生去看望张岱年先生，又一次受嘱托。这次王东先生有思想准备了，他回应道："您的意思我赞成，我一定尽力而为。您首倡的马克思主义综合创新论，非常正确，只是有些人认为它只是一个空洞口号、抽象公式，没有具体内容，具体用处。我们可以进一步回答'综合什么，怎样创新'的问题，并且尽可能使综合创新论具体化。"[②] 我拜入王东先生门下之后，铭记张岱年先生的嘱托，王东先生对张岱年先生综合创新文化观的研究与思考深刻地启迪着我。

　　尽管张岱年综合创新文化观有一批研究者，但这一研究在学术界仍算小众，研究进展也相对缓慢。研究进展缓慢的原因有很多方面，在此不一一详述，最关键的一点是：研究停留于对理论的"复述"，"照着讲"多过"接着讲"，"照着讲"能讲准确、讲到位也并非易事。本书亦未脱离"照着讲"的窠臼，但仍尝试在讲准确、讲到位的基础上能有一些"接着讲"的东西。

[①] 王东：《大师嘱托，重如泰山——回忆张岱年先生二三事》，载刘军、汪澄清主编《中华腾飞的哲学奠基——王东教授学术思想文集》，人民出版社2009年版，第33页。

[②] 王东：《大师嘱托，重如泰山——回忆张岱年先生二三事》，载刘军、汪澄清主编《中华腾飞的哲学奠基——王东教授学术思想文集》，人民出版社2009年版，第34页。

本书特别强调张岱年综合创新文化观的哲学基础是马克思主义新唯物论。张岱年先生在中国哲学研究领域是知名专家，很少有人把他的研究和贡献归入马克思主义理论领域。当年，张岱年的徒孙（陈来先生的弟子）住在我对门，我至今还记得她得知我博士学位论文的研究主题之后那惊诧的表情，她甚至怀疑自己记错了我的专业。很多人在得知我一个马克思主义哲学专业的学人研究张岱年之后，便觉得我"不务正业"。虽然张岱年先生的研究领域主要集中在中国传统哲学领域，但贯通其一生的研究主题和研究方法是马克思主义。在马克思主义文化理论的视角下，张岱年对中国文化的研究不是简单地就文化谈文化，而是从哲学综合创新的深度思考中国文化的发展，思考人类文明的未来。

2024年是张岱年先生逝世20周年，对一名学者的纪念除了回顾其思想、重申其影响外，更重要的是接续其研究道路并发扬扩充之，谨以这本小书纪念张岱年先生。

目 录

导 论 ·· 1

   第一节　世纪性的话题：文化选择 ······································· 1

   第二节　围绕张岱年综合创新文化观的争论 ···························· 3

   第三节　本书的框架和思路 ·· 8

第一章　张岱年文化观的发展历程 ·· 11

   第一节　综合创新文化观的初步奠基 ··································· 11

   第二节　20世纪80年代正式提出文化综合创新论 ················· 18

   第三节　20世纪90年代综合创新文化观系统化 ···················· 24

   小　结 ·· 28

第二章　张岱年综合创新文化观的理论来源 ··························· 31

   第一节　思想桥梁张申府——张申府对张岱年哲学思想的引导 ······· 32

   第二节　新唯物论是综合创新文化观的灵魂之源 ···················· 40

   第三节　西方哲学"逻辑解析"法是综合创新文化观的方法之源 ····· 43

   第四节　中国传统哲学中"活的"倾向是综合创新文化观的动力之源 ··· 45

   小　结 ·· 47

第三章　张岱年综合创新文化观的哲学基础 …………………… 49
第一节　贯通张岱年思想的"大原则" ……………………… 49
第二节　"新唯物论"与"对理法"的关系 ………………… 52
第三节　"兼和""日新"与"创造"的实质 ………………… 55
小　结 …………………………………………………………… 58

第四章　张岱年与新唯物论 …………………………………… 61
第一节　张岱年对新唯物论的信仰 …………………………… 62
第二节　对宇宙论与知识论的继承和发展——紧抓实践观 … 67
第三节　对唯物辩证法的继承和发展——"和谐"概念引入辩证法 … 70
第四节　对新唯物论人生哲学的继承和发展——"动的天人合一" … 73
第五节　新唯物论的前途 ……………………………………… 76
小　结 …………………………………………………………… 80

第五章　"综合创新"的哲学意蕴 …………………………… 83
第一节　西方哲学史上的分析与综合 ………………………… 83
第二节　张岱年所理解的分析法 ……………………………… 87
第三节　文化综合创新何以可能 ……………………………… 91
第四节　综合创新文化观与调和折中论的区别 ……………… 97
小　结 …………………………………………………………… 102

第六章　综合创新文化观的基本理论问题 …………………… 107
第一节　中国文化向何处去 …………………………………… 108
第二节　怎样综合——如何正确对待中、西、马三种文化资源 … 112
第三节　怎样创新——如何建设新文化 ……………………… 120
第四节　文化体用问题 ………………………………………… 124

　　　　小　结 ·· 130

第七章　综合创新文化观的历史地位 ······························ 131

　　第一节　世纪之交国际文化理论五大思潮 ······················ 131
　　第二节　世纪之交文化哲学北大学派 ······························ 143
　　第三节　河东河西论、文化自觉论和综合创新文化观的异同 ········ 148
　　　　小　结 ·· 150

第八章　综合创新文化观的当代生长点 ······························ 153

　　第一节　新道德论 ·· 153
　　第二节　新价值论 ·· 162
　　第三节　中华民族精神论 ·· 172
　　　　小　结 ·· 178

结　语 ·· 179

附　录　近年来我对马克思主义文化综合创新的一些思考 ········ 183

参考文献 ·· 197

后　记 ·· 203

导 论

第一节 世纪性的话题：文化选择

强烈的"历史感"是马克思主义理论研究的特点之一，当下总是由历史发展而来，马克思本人就十分重视回到历史中去发现问题的源头，梳理其走向。当我们将"文化选择"问题作为世纪性的话题来谈论时，时间线索并不局限于近十年，抑或千禧年前后，而是跨越了整个20世纪直到当下。就世界范围来说，对文化的关注与思考是20世纪哲学研究的重要范式。20世纪是人类社会大发展的时代，马克思预言了资本主义的发展和全球化时代的到来。资本的全球扩张给20世纪的人类带来了两次世界大战和一次冷战，无论"冷热"，每一次战争都暴露和加剧了资本主义的危机，战后人们对危机的反思也从经济层面、政治层面，深入文化层面。20世纪末，随着冷战的结束，世界格局呈现出一超多强的态势，在经济全球化的影响下，世界文化日趋商品化、同质化。20世纪末，法兰克福学派和伯明翰学派对工业文化（大众文化）的争论还在继续，美国学者则开始思考21世纪文化多元化带来的文明冲突问题。进入21世纪，人类社会发展的复杂性日益凸显，信息技术带来人类生产方式和生活方式的巨变，背后更深刻的是价值观念和思维方式的变革。社交媒体的普遍化让文化领域呈现出碎片化的趋势，碎片背后是隐秘的文化分层，不同层级的碎片被困于信息茧房之中，让我们不得不再次思考"世界文化向何处去"的问题。

就中国来说，对文化问题的反思是20世纪中国思想界的主线之一，也是马克思主义哲学中国化的重要线索。从20世纪初国门被迫打开的文化反思，到新文化运动迎来德赛二先生，再到20世纪60年代中期以后打着文化旗号的全民运动，中国文化与西方文化、传统文化与现代化的关系成为百年来中国思想界持续关注的主题。20世纪最后20年是中国社会急剧变化的20年，经过"文化大革命"长期禁锢的人们迎来了思想解放的春风，国门渐开让中国文化与西方文化再一次碰撞，百年来古今中西的争论又一次席卷思想界。改革开放走市场经济道路，文化上又何去何从？世纪之交，面对骨子里跳动的源自祖宗的文化基因和西方全球化、现代化推动下的文化大潮，中国文化向何处去的问题再一次被提出。

新文化运动以来，在中国文化的选择和走向问题上主要有三种文化主张：自由主义全盘西化论、保守主义儒学复兴论和马克思主义综合创新论。张岱年先生是马克思主义综合创新论的理论奠基人和主要倡导者之一，他从20世纪30年代开始研究文化问题，在哲学层面奠定了马克思主义综合创新论的理论基石，并形成了综合创新文化观，为中国文化的走向和世界文明的发展贡献了伟大的中国智慧。新时代，继承和发展张岱年的综合创新文化观，为中国文化发展和世界文明进步提供理论支持，是每个理论工作者的责任和义务。基于此，本书选取综合创新文化观为研究对象，力求在历史和理论层面全面展现综合创新文化观在文化选择问题上的探索。

导 论

第二节　围绕张岱年综合创新文化观的争论

张岱年综合创新文化观是在 20 世纪 80 年代"文化热"大讨论的背景下正式提出的，之后得到了学界的广泛赞同，并成为马克思主义文化观的重要理论旗帜。在社会政治层面，张岱年文化哲学中积极倡导的综合创新、和谐发展、义利统一、民族精神等理念，受到了党和国家的重视，并被吸收到国家政策中。在学术层面，这一理论除了有方克立、王东等教授的继承发展外，还有衷尔钜、羊涤生、李存山、钱耕森、刘仲林、李宗桂、洪晓楠等一批学者的深入研究。这些学者的研究成果主要以专题学术论文的形式发表于国内的报纸期刊，其中大部分被收入了纪念性的学术文集。国外也有关注张岱年综合创新文化观的学者，韩国学者金周昌高度赞扬张岱年的哲学理论和文化思想，并以此作为自己博士学位论文的研究方向。2010 年 1 月《张岱年先生学谱》和《张岱年哲学研究》两书出版，前者是首本详细的学谱，为张岱年研究提供了丰富翔实的资料；后者是在 2004 年《张岱年研究》一书的基础上编辑而成的，主要收录 2004 年 4 月之后公开发表的研究论文。尽管张岱年综合创新文化观的重要性得到了学界和社会的一定认可，但对张岱年综合创新文化观的研究很薄弱，国际上注意得比较少，国内研究亦有诸多问题尚未辨明，抑或从未论及。根据笔者的统计，除了上面提到的论文集，到本书初稿收集资料时为止，张岱年综合创新文化观的研究成果仅有专著一部——干春松的《超越激进与保守——张岱年与综合创新文化观》（2009 年中州古籍出版社出版）。另外，一些研究张岱年哲学思想的专著也会专门论及其文化观，如：范学德的《综合与创造——论张岱年的哲学思想》、刘军平的《传统的守望者——张岱年哲学思想研究》、刘静芳的《综合创造的哲学与哲学的综合创造——张岱年哲学思想研究》。

总体看，学界对张岱年综合创新文化观的关注主要集中在较小范围内，且缺乏整体而系统的研究成果，这与我们发展中国特色社会主义文化、建设文化强国的目标存在矛盾。在已有的研究成果中，存在以下争议和尚待解决的问题。

一 综合创新文化观的发展阶段问题

这一问题看似简单明了，在学界却存在着至少三种不同的提法。以刘鄂培等学者为代表的两阶段说：20世纪30年代"创造的综合论"阶段，这是综合创新文化观的雏形；20世纪80—90年代"文化综合创新论"阶段，这是张岱年文化观的进一步完善阶段。四阶段说为刘仲林首提，他指出张岱年文化观经历了"起""承""转""合"四个阶段。[①] 20世纪30年代"起"，明确了内涵和基本观点，并对其哲学和文化主张进行初步构思；20世纪40年代"承"，建构了文化综合创新论的核心内容；20世纪80年代"转"，再提文化综合创新论，又有新阐释；20世纪90年代"和"，归纳、总结、完善、整理。三阶段说的代表是王东，他指出20世纪30年代是张岱年文化观初步奠定基础的阶段，20世纪80年代是发展阶段，20世纪90年代为总结阶段。

对这个问题的争论，主要在于对时代关节点的把握。综合创新文化观的发展与时代的转变紧密相连，在不同的历史时期，张岱年文化理论重点解决的问题各不相同。比如1992年是中国进入市场经济时期的重要历史转折点，也是综合创新文化观发展的新阶段，为了回应市场经济条件下的义利关系问题，张岱年的研究重点转向了道德问题

---

① 刘鄂培主编：《综合创新——张岱年先生学记》，清华大学出版社2002年版，第316页。

和价值问题。研究者如果没有敏锐洞察时代变革的能力，便无法对综合创新文化观的发展阶段做出正确的划分。

另外，研究者对这一问题的考察，往往只注重言说张岱年的理论发展，弱化了具体的时代和理论背景。仿佛张岱年是在自说自话，其理论的针对性没有凸显出来。

二 综合创新文化观的哲学基础和理论来源问题

在综合创新文化观的哲学基础问题上，学界存在着"兼和"说、新唯物论和"对理"说，以及"兼和、日新、创造"三位一体说三种主要观点。"兼和"论者指出，"'兼和'是张先生根据唯物辩证法的根本精神，吸取中国传统哲学的精华而独创的一个哲学范畴"[①]。干春松指出，"新唯物论"是张岱年自己所用的名称，与辩证唯物论有所区别。对于"兼和""新唯物论""对理"等概念，论者都联系张岱年的文本做出了解释，但我们不禁要问：这几个概念之间是否有关联？争论的症结在于，对张岱年综合创新文化观及其整个哲学体系性质的认识上。

在理论来源的问题上，研究者肯定了中国传统哲学对综合创新文化观的影响，但这种影响如何发生，还需要进一步研究。另一个重要的理论来源与张岱年的长兄张申府先生有关，张申府是20世纪中国哲学界的重要人物，但他没有留下专门的理论著作，他对张岱年的影响，研究者涉及的不多，还需要深入研究。总之，在综合创新文化观的理论来源问题上，学界没有一个清晰的定位。

与以上两个问题紧密相关的是张岱年先生与马克思主义新唯物论的关系问题，这个问题鲜有研究者详细论及。事实上，张岱年对马克思主义新唯物论的态度和倾向是明确肯定和赞扬的，他本人也对马克

---

① 方克立：《张岱年先生的"兼和"思想》，《北京日报》2009年6月15日第19版。

思主义中国化做出了不容忽视的贡献。

三 综合创新文化观的历史地位和当代价值问题

在对综合创新文化观历史地位和当代价值的评价上，存在两种截然相反的观点。

反对质疑者认为这一理论没有具体深刻的学理价值，或在学理价值上比不上同时期的其他思想家，更有甚者对这一理论大肆批评、极力贬低。顾乃忠宣称综合创新文化观蒙蔽了许多人，他认为，文化综合创新论的精髓是将中西文化融于一体，取二者之长，舍二者之短，以形成一种新的文化。在他看来，这与融合论并无本质差别。另一些学者则在肯定的基础上提出了诸多质疑，张立文指出，综合创新论和其他文化理论一样，有合理的内涵和学术价值，但由于"只涉及进路和方法，而无创造一种具有中国文化精神的具体学说来承担"[1]，他认为综合创新文化观没有一套新的理论体系或学说架构，因此只能是纸上谈兵。综合创新的"新"理论是什么？这也是一个不明朗的概念。

支持赞同者在深入研究综合创新文化观的同时，从不同高度分析了其历史地位和当代价值。从思想史的层面和高度，刘鄂培把其价值概括为三个方面：第一，体现了中国文化发展的基本规律和人类文化发展的基本趋势。第二，超越了近百年以来旧文化观的"体用说"。第三，顺应人类发展的潮流，适用于建设有中国特色社会主义新文化的需要。[2] 从启发和影响其他思想家的角度，洪晓南指出，综合创新论不仅批判地吸取了西方文化哲学的优秀成果，接续了中国现代唯物史观派文化哲学的传统，将中国当代的唯物史观派文化哲学推到一个新的阶段，而且刺激和催化了海外华裔学者和大陆学者提出"批判的

---

[1] 张立文：《和合学——21世纪文化战略的构想》上卷，中国人民大学出版社2006年版，第32页。
[2] 刘鄂培主编：《综合创新——张岱年先生学记》，清华大学出版社2002年版，第333页。

继承，创造的发展"（傅伟勋）、"创造性转换""创造性转化"（林毓生）、"综合性创造和创造性综合"（成中英）、"转换性创造"（李泽厚）等文化主张，使得马克思主义唯物史观派、自由主义西化派和当代新儒学派在探索中国现代化道路的历程中，在寻绎传统与现代化关系的致思路向时，逐渐达成共识。王东则从整个人类文明发展和中国文明发展的高度肯定了综合创新文化观，他认为，张岱年的多元文化综合创新论，是中华文明现代复兴、中国走向创新之道的重要源头活水，它为21世纪人类和平发展提供了活生生的大智慧、新智慧、活智慧，张岱年开创的文化哲学堪称中国特色、世界一流。肯定者在对综合创新文化观的意义和价值的认识深度和广度上存在差异，其症结在于对综合创新文化观精髓的理解上。

总之，在对综合创新文化观的评价问题上，两种截然相反的意见针锋相对，从某种程度上说，双方都没有正视对方的意见和观点。否定者存在把综合创新文化观简单化的倾向，持保留意见者提出的建议也没有得到赞同者的正面回应。

通过上面的分析我们可以看到，国内外对综合创新文化观的研究缺乏应有的重视，研究相对薄弱，在已有的研究成果中许多重要问题尚未论及或存在争议。针对以上情况，我在研究中拟重点解决综合创新的哲学意蕴问题，综合创新文化观的发展历程、理论来源、哲学基础、历史地位和当代生长点问题，并对张岱年先生在马克思主义哲学中国化过程中所做的贡献做出归纳。

第三节 本书的框架和思路

本书围绕上述存在疑问或尚未解决的问题，以张岱年思想发展的逻辑为第一主线，以文化史演进的脉络为第二主线，对综合创新文化观进行了深入研究。本书以马克思主义唯物辩证法为指导，主要采用了文本分析、史料分析和比较研究的方法，除导论和结语外一共八章。

第一章论述了张岱年综合创新文化观的发展历程。笔者赞同王东先生的提法，把张岱年综合创新文化观的发展历程概括为三个阶段：第一阶段为20世纪30年代，提出观点，奠基期；第二阶段为20世纪80年代，发展观点，确立期；第三阶段为20世纪90年代，总结观点，系统期。通过文化史的分析，笔者发现，在每一发展阶段中，张岱年的理论都有具体的针对对象。20世纪30年代的文化讨论中主要针对的对象是西化派。新文化运动以来东西方文化的论争和20世纪30年代"中国本位文化建设"的讨论，启发张岱年提出了"文化的创造主义"的思想，在与西化派的短暂交锋中，他的文化主张初现雏形。在20世纪80年代的"文化热"中，为了迎接自由主义全盘西化论的挑战，张岱年重新提出自己的文化主张，明确举起了马克思主义文化综合创新的理论旗帜。20世纪90年代面对儒学复兴论对中华文化复兴和中国现代化路径的保守主义设计，张岱年一方面肯定儒学的价值；另一方面强调马克思主义的指导地位，提出21世纪中华文明复兴应走"古今中外，综合创新"的道路。

第二至六章是本书主干部分，从理论层面详细展现了综合创新文化观的脉络，这也是本书的主要创新点。第二章把综合创新文化观的理论来源归纳为"一个桥梁，三个源头"。一个桥梁强调张申府在张岱年思想形成过程中的引导和启迪作用，从对哲学研究道路的引导和对哲学思想的启迪展开论述；三个源头强调综合创新文化观对新唯物论精髓、西方哲学逻辑解析方法和中国传统哲学中"活的"东西的综合创新。

第三章，在综合创新文化观的哲学基础问题上，本书打破了过去"兼和"说，以创造为核心的"兼和、日新、创造三位一体"说，"新唯物论和对理"说三足鼎立的局面，明确提出了新唯物论说。本书同时吸取三种说法的合理之处，指出综合创新文化观在世界观层面以新唯物主义唯物、辩证的世界观为基础；在方法论层面，基于对文化发展辩证法的认识；在价值层面，以"和谐"抑或"兼和"为归宿。

第四章，针对前两章提到的新唯物论的问题，详细分析了张岱年对马克思主义新唯物论的信仰和阐发。本书认为张岱年对马克思主义新唯物论的继承与发展主要体现在以下方面：宇宙观上"一本多级""变中有常"的归纳，实践观上对"实践"概念和中国传统哲学知行关系的探讨，辩证法中最早引入"和谐"概念，人生观上以中国传统哲学丰富的人生观补充马克思主义革命的人生观，哲学观上对新唯物论前途提出哲学综合创新的尝试。

第五章深入分析了综合创新文化观的理论内涵。张岱年先生综合创新文化观并非只重"综合"，它是马克思主义哲学分析与综合辩证统一的具体化运用。在"综合创新"这一提法中，"综合"强调"兼综"的价值取向，"创新"强调对一切批判的精神。综合和创新是一个过程的两个方面，其前提是"分析"，其目的和归宿是新哲学、新文化类型的生成。在张岱年那里，"分析"的方法是多元的，以体验、解析、会通为主，三者体现了唯物辩证法的基本原则。最后，本书从文化发展辩证法的角度对文化"综合创新"何以可能的问题做了分析，并从方法论、根本诉求、基本原则三方面比较了综合创新文化观与调和折中论的差异。

第六章论述了综合创新文化观的基本内容，它致力于解决的基本理论问题是中国文化的未来发展问题，这一问题又分为"向何处去"的发展方向问题和"怎样综合""怎样创新"的发展策略问题两个方面。其中，前一个问题的答案是确定无疑的，中国文化只能朝着中国特色社会主义的方向发展前进；后一个问题涉及正确认识和对待中、西、马三种文化资源，以及文化理论和大众心理层面的相互结合。此外，本书在这一章中，对中国近代以来有关文化体用问题的讨论进行了梳理。体用概念是探讨文化问题的中国特有概念，20世纪中国文化讨论中出现过中体西用论和西体中用论，张岱年对以上两种主张都有批判，其综合创新文化观力图超越中西对立、体用二元的僵化思维模式。鉴于此，本书认为方克立对综合创新文化观"马魂、中体、西用"的概括尚待商榷。

最后两章，主要涉及综合创新文化观的理论和现实价值问题。本书把综合创新文化观与20世纪末国际国内流行的几种文化理论分别进行了对比，这些文化理论包括福山的历史终结论、亨廷顿的文明冲突论、杜维明的文明对话论、哈贝马斯的交往行为合理化和商谈伦理学、詹姆逊的后现代主义文化理论、季羡林的河东河西论、费孝通的文化自觉论。其中，张、季、费三人堪称20世纪末北京大学文化哲学三大家。比较的结论是综合创新文化观整体上优于其他文化理论。对于综合创新文化观在当代的发展问题，本书提出了新道德论、新价值论、中华民族精神新论三个生长点。

总之，本书以一个核心、三个基本理论问题、五个具体问题，展现了张岱年综合创新文化观的理论全貌。一个核心即马克思主义新唯物论及其在文化发展问题中的运用（文化发展的辩证法）；三个基本理论问题即中国文化向何处去的走向问题、怎样综合的问题、怎样创新的问题；五个具体问题包括"综合创新"的哲学意蕴，以及综合创新文化观的理论来源、哲学基础、历史地位、当代生长点。

第一章　张岱年文化观的发展历程

张岱年综合创新文化观的发展经历了三个阶段：第一阶段为20世纪30年代，提出观点，这一时期对文化和哲学问题的思考为综合创新文化观奠定了理论基础；第二阶段为20世纪80年代，发展观点，改革开放之后对文化问题的热烈讨论激发张岱年重新确立综合创新文化观；第三阶段为20世纪90年代，总结观点，在回击保守主义文化思潮的过程中综合创新文化观逐渐系统化。这三个阶段各有不同的时代和理论背景，张岱年的理论侧重点也依据针对对象的差异而不同。本章试图把张岱年综合创新文化观的三个发展阶段还原到特定的时代背景中，通过对特定时代背景下主要议题的回顾展现其理论的发展脉络。

第一节　综合创新文化观的初步奠基

20世纪30年代，是张岱年先生综合创新文化观奠基的重要时期，这一时期他的文化主张是"创造的综合"或"文化的创造主义"。被收入《张岱年全集》第一卷的《世界文化与中国文化》（1933年6

月 15 日）、《关于中国本位的文化建设》（1935 年 3 月 18 日）、《论现在中国所需要的哲学》（1935 年 4 月 8 日）、《西化与创造》（1935 年 5 月 20 日、27 日）、《哲学上一个可能的综合》（1936 年 5 月 25 日）五篇文章可谓第一次明确提出综合创新文化观的理论宣言。

一 "纯欧化"和"复古"之外的第三种选择

新文化运动之后，围绕着中国文化的走向问题，一直存在两种截然对立的观点[①]：一是以胡适为代表的"全盘西化"派；二是以梁启超、梁漱溟等为代表的宣扬中国传统文化派。两派观点针锋相对，延续了新文化运动时期的东西方文化论战，展开了以科学与人生观为主题的"科玄论战"。新文化运动以后的东西方文化论战可谓宗法封建农业社会思想的"回光返照"，参战双方是以胡适为代表的西化派和以梁启超、梁漱溟为代表的东方文化派[②]。"科玄论战"是东西方文化论战的延续，它发端于1923年清华大学一名教授的主题为"人生观"的演讲，论战的先锋是玄学派和科学派的学者，论战的实际主角仍是主张东方文化的梁启超和推崇西化的胡适。两次论战交锋短暂而尖锐，给当时的中国社会尤其是思想界带来了深刻的影响。

在两次论战中，提倡回到中国传统文化的一派，主要基于欧洲一战带来的灾难，强调中国传统文化对人类道德和精神领域的积极作

[①] 这一时期李大钊、蔡元培等人的观点与这两种对立的观点均不同。李大钊认为东西文明互有短长，但东方文明总体上落后于西方文明；在中国文化的出路上，他主张竭力吸取西洋文明的特长；在世界文明的出路上，他提出未来的文明应该是东西文明的融合体，他称其为灵肉一致的"第三"之文明。蔡元培在办学上主张"思想自由""兼容并包"，这也体现了他的文化观。在文化问题上，他一方面主要要有选择地吸收世界各国的文化；另一方面主张要学习和独创结合，发展自己的个性而不被别人同化。这些思想都已明显具有了"综合创新"的理论实质。

[②] 五四运动前后，东方文化派主要指那些极力宣传中国传统文化（特别是儒家文化）的人，主要包括以下几个部分：梁漱溟及其追随者；梁启超等研究系的知识分子，后发展为玄学派；杜亚泉等以《东方杂志》为阵地的知识分子；梅光迪、吴宓等"学横派"知识分子；章士钊等"甲寅派"知识分子。

用。1918年年底，梁启超等人到第一次世界大战结束后的欧洲游历，战后欧洲大陆的混乱局面深深触动了他们。1920年回国后不久，梁启超发表了《欧游心影录》。之前曾积极介绍西方文化的梁启超宣称西方的"科学万能"之梦已经破产，梁启超也不是完全认为科学破产，他在文章后面注释，让读者不要误会，不要菲薄科学，并称他绝不承认科学破产，只是不承认科学万能罢了。在他看来，西方科学在带来物质文明进步的同时，也带来了物质的、机械的人生和社会生活，只有东方的精神文明才能拯救陷于物质文明破产中的西方人。1923年，一位知名学者在清华大学发表的"人生观"主题演讲，大体延续了这一思想，演讲者强调西方重"物质文明"的文化带来了第一次世界大战的灾难，科学的发达不能解决人生观问题，只有中国"精神文明"的文化才能很好地解决人生观问题。与梁启超等从直观经验得出的结论相比，梁漱溟的思考更具哲学性。1920年8月梁漱溟在济南教育会上发表了关于东西方文化的演讲，次年《东西文化及其哲学》一书出版。梁漱溟指出，文化的差别在于生活中解决问题的方法、生活的样法不同，他根据"意欲"不同区分了中、西、印三种文化类型。他指出，世界文化已经开始由西洋态度变为中国态度，未来世界文化的发展，可以看作中国文化的再次崛起。这与希腊文化在近代历史中的复兴有着相似之处，都体现了文化传统的重新发扬和影响力扩展。

提倡西化和科学的一派，以西方资本主义现代化发展的高度文明和巨大成就为依据，希望部分或全盘吸收西方文化以改变中国文化的落后面貌，其中的代表人物就是"新文学"运动的发起者胡适。胡适一方面坚定地反对国粹主义和东方文化主义，主张中国应积极吸收西方的知识和文化；而另一方面，面对那些接受马克思主义思想的知识分子，他则强调中国应当以西方资本主义为学习目标。1923年，胡适发表文章反驳了梁先生的文化三路向说。胡适认为梁漱溟先生犯了笼统的毛病，把文化装入简单整齐的公式里，"只看见各种民族都在那

'生活本来的路'上走,不过因环境有难易,问题有缓急,所以走的路有迟速的不同,到的时候有先后的不同"①,他指出东西方文化的不同主要在于时代的差异。对于欧洲的大战,胡适认为有多方面的原因,既有经济的原因,又有思想知识的原因。他认为中国尚未充分体验到科学带来的益处,更不用说科学可能引发的负面后果。对于"西洋文明为唯物的(Materialistic),东方文明为精神的(Spiritual)"的见解,胡适更是无情地加以批驳,称其为"今日最没有根据而又最有毒害的妖言"②。他指出:"凡是文明都是人的心思智力运用自然界的质与力的作品;没有一种文明是精神的,也没有一种文明单是物质的。"③他强调物质文明为精神文明奠定基础,同时认为物质文明的差距决定了精神文明的差距。1929年,"全盘西化"论正式出笼,胡适在为英文版《中国基督教年鉴》撰写的《中国今日的文化冲突》中采用了"Wholesale Westernization"和"Wholehearted Modernization"两个词来形容自己的文化主张。前一个词可以翻译为"全盘西化",后一个词翻译为"充分现代化"或"全力现代化"。

经过东西方文化论战和"科玄论战"两轮交锋之后,东方文化派偃旗息鼓,西化派宣称自己取得了胜利。1931年年底,岭南大学教授陈序经完成了《中国文化之出路》和《全盘西化论的理由》等论著,1932年完成了《东西文化观》,提出其"全盘西化"的系统主张。至此,西化派的思想势头完全盖过了东方文化派。

东方文化派和西化派激战之时,张岱年先生尚在求学,他在中国传统文化和西方资本主义文化之外看到了充满活力的社会主义文化,这种文化的哲学基础便是新唯物论。20世纪30年代初张岱年先后在天津《大公报·世界思潮》发表了《辩证法与生活》《谭"理"》

---

① 胡适:《胡适全集》第2卷,郑大华整理,安徽教育出版社2003年版,第253页。
② 胡适:《胡适全集》第3卷,郑大华整理,安徽教育出版社2003年版,第1页。
③ 胡适:《胡适全集》第3卷,郑大华整理,安徽教育出版社2003年版,第2页。

《辩证法的一贯》《关于新唯物论》《相反与矛盾》等文章论述唯物辩证法，在《哲学的前途》（1933年3月1日《前途》杂志）一文中更提出，哲学在未来文化生活中将更重要，未来的哲学将是社会主义的哲学（以新唯物论为代表）与自然科学家的哲学（以维也纳学派为代表）的结合。基于对唯物辩证法的认识，张岱年对文化问题做出了辩证理解。在1933年6月发表的《世界文化与中国文化》中，张岱年第一次公开表达了自己的文化观，文章跳出了前一阶段东西方文化论战和"科玄论战"中非此即彼的思路，在"纯欧化"和"复古"之外提出了中国文化的第三条道路。张岱年指出："现在要仍照样保持中国的旧文化，那是不可能的，但西洋的资产阶级文化也到了将被否定的日子。社会主义的世界性的文化必然要到来，中国必将产生新文化而成为那世界性的社会主义文化的一部分。"[①] 中国新文化的生成是一个综合的创造过程，它不仅要继承和发扬中国自身卓越的文化，同时也要吸纳西方文化中有价值的元素，将这些元素综合创新，形成独特的新文化体系。

二 在"中国本位文化建设"讨论中明确提出"文化的创造主义"

1935年1月10日，北京（时称北平）、上海、南京的十位文化名流（王新命、何炳松、武堉、萨孟武等）联名发表《中国本位的文化建设宣言》（又称"一十宣言"），由此引发了一场中国本位文化建设的大讨论。该宣言全文两千四百多字，主要讲了三层意思：首先，十教授在宣言中疾呼"没有了中国"，一切政治、社会、思想都失掉了中国的特征，中国在文化的领域消失了；其次，针对当前的危机，他们提出需要对中国过去的文化进行"一个总清算"，需要进行"中

[①] 张岱年：《张岱年全集》第一卷，河北人民出版社1996年版，第154页。

国本位的文化建设";最后,十教授提出了五条笼统的措施,归结为"不守旧;不盲从;根据中国本位,采取批评态度,应用科学方法来检讨过去,把握现在,创造将来"①。

"一十宣言"出炉后,十教授为了推进中国本位文化建设还发起了题为《怎样建设中国本位的文化》的征文,征文要求包括四方面内容:文化的本质、中国本位文化的意义、现代学者对中国文化问题的意见、建设中国本位文化的原则及方案。"一十宣言"所涉及的主题和宣言发表之后十教授的积极推进工作,使宣言产生了极大的影响。当时《人民评论》把时人对"一十宣言"的反映归为三种:补充派、解释派、反对派。反对派以西化派的胡适和陈序经为代表,他们斥"一十宣言"为复古和倒退,二人中以陈序经态度尤为坚决。解释派就是赞同"一十宣言"的人,1935年2月24日吴景超在《独立评论》发表《建设问题与东西文化》一文,文章认为胡适同十教授一样,对东西方文化都采取一种折中的态度,并且表示很赞同这种折中态度,他还对如何运用折中的办法来创造中国的新文化做了具体的阐述。

1935年3月18日,张岱年在《国闻周报》(第十二卷第十期)发表了《关于中国本位的文化建设》一文,文章借对"中国本位文化建设"的补充,再一次明确表达自己的文化主张:"文化的创造主义"。在《关于中国本位的文化建设》一文中,张岱年首先肯定了"一十宣言"主张与自己之前所提的"创造的综合"(1933年《世界文化与中国文化》)大体相同,进而又指出"一十宣言"的笼统,并用唯物辩证法对"中国本位的文化"进行了分析。张岱年指出,要想了解"中国本位的文化",先要了解文化发展的"对理"性(辩证法)。文化发展的规律是:后一阶段是对前一阶段的否定,但这种否定需要继承

---

① 王新命等:《中国本位的文化建设宣言》,转引自宋小庆、梁丽萍《关于中国本位文化问题的讨论》,百花洲文艺出版社2004年版,第19—22页。

前一阶段有价值的文化遗产。因此所谓的中国本位的文化建设应该是"一方面不要使中国文化完全为西洋所克服而归于消亡,要使中国仍保持其特色的文化;同时另一方面,又要使中国文化与世界文化相适应,使中国文化变成新的,而成为新的世界文化之一部分"①。也就是说,中国本土文化在构建新中国文化的过程中,旨在形成一种全新的文化形态,既不拘泥于传统旧文化,也不盲目追随西方文化,而是在保持自身特色的基础上,实现文化的独立与创新。张岱年进一步考察了过去的中国文化、中国文化的特色、世界文化的大流趋势、中国的需要四个具体问题,并提出了三项具体的工作:文化的整理及批判工作、学术创建工作、普及的文化革命工作。文章最后,他把自己论述的中国本位文化建设的主张概括为"文化的创造主义"。张岱年大体上是同情"本位文化"派的,他的主张比之"本位文化派"要明晰很多,可以说正是在本位文化派的推动下,他才进一步把自己的文化主张归纳为"文化的创造主义"。

在当时的论战背景下,张岱年的主张很容易被当成对"一十宣言"的补充。他的文章发表后不久,就受到了西化派的点名批评,沈昌晔在《国闻周报》(第十二卷第十四期)上发表《论文化的创造——致张季同先生》,指责所谓"创造的综合"实际仍是"半因袭半抄袭",与中体西用并没有什么大的不同。在回应西化派的正面挑战中,张岱年的文化主张渐渐明晰。1935年5月底《国闻周报》(第十二卷第十九、二十期)刊发了张岱年的《西化与创造——答沈昌晔先生》一文。全文共四个部分:第一部分对沈文的误解一一做出了澄清;第二部分论述"创造的综合"的理论依据——"文化的'对理'";第三部分揭露了西化派所谓"全盘西化"的缺陷;第四部分正面阐释了文化创造主义的真谛。实际上,发表此篇文章的前后,被动

---

① 张岱年:《张岱年全集》第一卷,河北人民出版社1996年版,第229—230页。

卷入论战的张岱年已自觉开始从哲学上对"中国需要的哲学"和"哲学上可能的综合"等核心理论问题做出思考,并提出以"唯物、理想、解析综合"的新综合哲学作为中国未来哲学之发展方向。

随着有关"中国本位文化建设"论战的深入,以及当局后续推行的一系列举措(如轰轰烈烈的新生活运动),"中国本位"文化运动的保守倾向逐渐显露。这场运动背后的支持力量是中国文化建设协会,它是那个时期当局领导的一个文化组织,因此天津《大公报》当时就有文章质疑其独立性和时代意义。

20 世纪 30 年代,针对新文化运动以来流行的"复古"与"纯欧化"两条思想岔道,张岱年先生从辩证唯物主义的理论视角,率先明确提出了"创造的综合"的基本思想,并从哲学高度强调了中国古典哲学、西方近现代哲学、马克思列宁主义哲学的综合创造。张岱年在 20 世纪 30 年代的文化讨论中,虽然提出了中国文化的社会主义出路问题,但此时他的文化主张的意识形态倾向还不鲜明,对未来的新中国文化还没有一个具体的认识。作为一名在理论界崭露头角的青年哲学家,他对"一十宣言"背后保守倾向的认识也不够彻底。但单从理论层面来讲,张岱年对"中国本位文化"的认识是全面的,在与西化派的被动论战中,其"文化的创造主义"理论也初见雏形。

第二节　20 世纪 80 年代正式提出文化综合创新论

经历了半个多世纪的沉寂后,在 20 世纪 80 年代的"文化热"讨论中,张岱年的理论视野又一次回到了文化问题,1986 年他正式提出了文化综合创新论。20 世纪 80 年代中期以后,张岱年撰写了大量的文章探讨中国文化问题，这些文章大部分被收录在《张岱年全集》第六卷中。

一 "文化热"讨论中竖起马克思主义的文化大旗

1978年解放思想大讨论以后，中国迎来了思想大解放和改革开放的新时期。一时间，西方的文化思潮和生活方式蜂拥而至，让国人应接不暇。历史总是惊人的相似，国门渐开后，国人惊叹于西方现代化的发展。所不同的是，在19世纪末，我们的国门是被列强用枪炮强行撬开的；而这一次，我们是主动打开国门，迎接西方现代化的思潮。

在开放的大环境下，学术理论和研讨活动异常活跃，书籍和刊物的出版、各种研讨会的召开，让各派思想可以更充分地碰撞。经过"文化大革命"的思想禁锢之后，一些中青年知识分子和学人开始充满激情地讨伐和呐喊，掀起了轰轰烈烈的"文化热"。20世纪80年代前期"文化热"主要表现为对西方学术著作和观点的译介，后期对文化问题的讨论才逐渐展开，理论层面讨论的主题依然没有跳出中国传统文化与现代化的问题。"文化热"中学者们讨伐和批判的对象是中国传统文化，呐喊和呼唤的对象则是现代化。在20世纪80年代，金观涛、李泽厚、温元凯等被某些媒体捧得很高，甚至被誉为中国大陆的"思想领袖"，他们在不同程度上表现出对传统文化的批判态度，其中一些人甚至公开表示对"全面西化"理念的赞赏。

然而，20世纪80年代明目张胆地主张"全盘西化"的人并不多，与情绪化地否定传统、呼唤全盘西化相比，"青年思想导师"李泽厚的"西体中用"论更具有迷惑性。李泽厚在"文化大革命"后很快连续出版了一系列著作，其著作颇具理论色彩，也关涉中国现实问题。当年他的书一印几万册，在青年学生中相当有市场。他的著作通常涉及中国现实政治和文化议题，其基本立场倾向于纠正和改善，具有建设性而非纯粹的批判性。李泽厚的思考方式以包容性和折中能力著称，经常展现出新颖和巧妙的见解，但并不显得尖锐，或许有意避免。总的来说，李泽厚并不自诩为反对者，在思想上也很少带有异端的倾向。

1985年5月，李泽厚在复旦大学所作的题为《中国思想史杂谈》的演讲中，针对中国的文化思想、中国的文化传统之未来路向选择问题提出了"西体中用"的方案，他指出"西体"就是社会主义现代化，"中用"就是怎样结合实际运用于中国，"西体中用"就是马克思主义的中国化。① 他首次提出这一观点，有很多即时性的成分，论述也没有展开。1986年1月28日，李泽厚在《文汇报》发表《关于儒学与现代新儒学》一文，又一次提到了自己的"西体中用"论。针对李泽厚提出的文化体用问题和其本人表达上的大而化之，2月21日张岱年在《北京日报》发表《试谈文化的体用问题》一文，分析了近代以来"中学为体，西学为用""西学为体，西学为用"（全盘西化）的观点，试探性地提出了"今中为体，古洋为用"的观点。"今中为体，就是以社会主义思想体系为体，其中包含对于中国固有的优秀传统的批判继承的问题；古洋为用，就是在科学技术方面尽力学习西方，同时在艺术方面兼采民族形式。"② 在张岱年的这一表述中，"古"和"今"的界限尚没有明确表达出来。

1986年7月9日，《中国文化报》刊发《"西体中用"简释》（此文是李泽厚1月6—10日在复旦大学中国文化学术讨论会上的发言）一文，李泽厚在文中承认"西体中用"的提法不太科学，指出这一提法的前提是"中体西用"和"全盘西化"的存在。在一片批评声中，李泽厚非但没有反思自己的理论，反倒越战越勇，固执己见。同年8月，《群言》杂志编辑部召开主题为"传统文化与现代化"的座谈会，

---

① 李泽厚：《中国思想史杂谈》，《复旦学报》（社会科学版）1985年第5期。
② 张岱年：《张岱年全集》第六卷，河北人民出版社1996年版，第129页。

梁漱溟、冯友兰、张岱年、季羡林、费孝通、金克木、李泽厚等均受邀出席。张岱年的发言是《传统文化的两个方面》，主要讲了传统文化的积极面和消极面。李泽厚则继续高唱"西体中用"，他一会儿讲"体"是社会存在（生产方式和日常现实生活）作为本体，一会儿又讲在西方工业化大生产基础这个本体意识之上的学就是"西学"，"西学"包括马克思主义等各种西方理论，此时其理论上的混乱已可见一斑。1986年10月，张岱年先生作《文化体用简析》（未公开发表）一文，揭示了"西体中用"论的混淆视听。他首先从中国哲学角度深入分析了"体用"的含义，指出一般文化问题讨论中"体用"乃指原则和应用。在民族文化发展的一定时期，"体"是文化中包含的指导思想或最高原则，"用"是这些原则的具体运用。文化的发展具有时代性，也要体现民族的主体性。清末的"中体西用"忽视了时代要求，而现在的"西体中用"则忽视了民族主体性，容易造成指导思想的混乱。

1987年《孔子研究》第一期刊发李泽厚的《漫说"西体中用"》一文，算是李泽厚对自己"西体中用"论的一次小结和梳理。文中用大量篇幅论述了"中体西用"的由来和演化，然后才对"西体中用"做了解释。他对"西体中用"的解释与之前的论述并无大异，只是这一次他明确抛出了"现代化就是西方化"的观点。1990年张岱年在《中国文化与文化论争》一书中又专门对李泽厚的"西体中用"论进行了集中讨伐，他指出"西体中用"作为一种文化理念，理论框架并不十分清晰，内容上也存在许多混淆的地方，提出这一论点的人似乎意在规避像"全盘西化"或"中体西用"这样的主张所固有的局限性，但实际上没有做到。

李泽厚一开始就强调"西体中用"是针对"中体西用"和"全盘西化"而提出的，起初"西体中用"还披着马克思主义中国化的外衣，后来他干脆脱去了这层外衣，直接讲"现代化就是西方化"。张岱年一方面揭露西体中用论的理论实质；另一方面也积极竖起马克思主义文化理论的大旗，把自己在20世纪30年代提出的"文化的创造主义"思想重新展开。1986年4月，张岱年先生在中央党校研究班做有关"中国传统文化的分析"的学术报告时，曾对听讲的同学说"我的主张可以叫作综合创造论"[①]，后来亦称综合创新论。1987年夏，张岱年在《清华大学学报》（哲学社会科学版）1987年第2期上发表《综合、创新，建立社会主义新文化》一文，文章针对传统否定论首次提出文化综合创新论。1988年秋，在北京的两次座谈会上，张岱年与陈岱孙、季羡林、陈元晖、金克木、邓广铭、赵光贤、石俊等学者广泛讨论，征询意见。同年10月，山东济宁召开中华孔子学会第二届年会暨学术讨论会，张岱年又一次正式提出文化综合创新论。

二 对大众文化层面反传统潮流的回应

20世纪80年代"文化热"中，自由主义全盘西化的思潮不仅在学术层面兴风作浪，在大众层面也掀起了不小的波澜。20世纪80年代，随着生活质量的提升，电视在中国家庭中的普及率逐渐提高，当时有限的电视节目成为大众文化传播的重要渠道，一些新颖热门的节目更是潜移默化地影响和塑造着中国观众的文化心态。1988年6月，中央电视台播出了一部六集的系列片，就是这种影响的典型代表。该片在贬低和否定中国传统文化的同时，极力宣扬代表西方文化的蓝色海洋文明，其播放引起了媒体、大众的集体讨论和思考，将"文化热"中的西化思潮和否定传统文化的情绪推向了高潮。

20世纪80年代，形形色色的自由主义全盘西化论，在理论层面还处于自发、无目的、未成熟的状态，在社会心理层面也并不完全出自人们的自觉意识，更像是一种无意识的集体心理现象。由主流媒体

---

① 张岱年：《张岱年全集》第八卷，河北人民出版社1996年版，第302页。

播出的批判传统的系列片则推波助澜，它借助电视这种新传媒，用生动鲜活的方式把反传统的思潮迅速扩散到大众心理层面。1988年以后，面对社会上出现的新形势——反传统思潮的蔓延和对传统文化的歪曲，张岱年本着"理解传统，超越传统"的原则，开始加强对传统文化的整体反思，并积极探索传统文化与现代化的契合点。1988年8月，张岱年写作《中国文化发展过程中的偏倾与活力》一文，文章指出："在现代化的宏伟事业中，需要变革传统，改造传统，但是不可能全面否定传统。我们要超越传统，首先也要理解传统。传统文化之中，既有阻碍前进的沉重包袱，也有鼓舞前进的思想火炬。坚持民族的自信心和自尊心，在任何条件之下都是非常必要的。"[①] 在此后的一些文章中，他一再重申文化综合创新论的主张，并尝试在价值观和思维方式上对中国文化做出创新和发展。

1990年在《中国文化与文化论争》一书中，张岱年系统梳理了中国文化的发展演变过程，对历史上的各种文化主张一一进行评析，阐发了马克思主义的文化主张——综合创新论（书中用的名词是综合创造论），自此文化综合创新论作为马克思主义文化哲学的重要理论成果基本成形。

通观整个20世纪80年代的"文化热"讨论，非理性、情绪化的因素较为突出，非此即彼的思维路向依然盛行。这一阶段，像20世纪30年代那样问题观点集中的学理性论战少了许多，大多数论者不管问题缘起，只顾自己宣泄一通。改革开放初期，在经济利益的刺激下，一些报纸、刊物、书籍等文化出版物迅速活跃，学人们也从中受益，有的甚至大笔获利。张岱年先生这一时期对文化问题的思考更明晰化，其文化理论所指主要针对形形色色的传统文化否定论的观点，其讨伐对象主要是李泽厚的西体中用论。在对中国传统文化辩证分析

---

① 张岱年：《张岱年全集》第六卷，河北人民出版社1996年版，第412页。

的同时，张岱年跳出体用二元的思维模式，明确了建设中国特色社会主义文化的目标和文化综合创新的道路。

第三节　20世纪90年代综合创新文化观系统化

20世纪90年代国际国内局势出现了许多新情况，"中华民族的现代复兴"成了理论界"文化热"讨论的焦点。在这一重要历史时期，耄耋之年的张岱年集中围绕中华民族现代复兴的路径问题，试图从思维方式、价值观层面更系统地阐发中国特色社会主义综合创新文化观，以适应社会主义市场经济的文化需要。这一时期张岱年写作的关于文化问题的论文多被收入《张岱年全集》第七卷。

一　保守主义"儒学复兴论"东山再起

20世纪80年代末，在三股潮流——中国文化现代化的时代大潮、马克思主义综合创新论的理论主潮、自由主义全盘西化论的时髦思潮掩盖下，保守主义儒学复兴论东山再起。这一时期的儒学复兴论思潮来自海外，代表人物是华裔学者余英时、杜维明、成中英等人。他们认为东亚经济的腾飞证明儒家精神与现代化并不互斥，东亚开创了一条"儒家资本主义道路"。因此他们主张反省五四时期"全盘西化"的片面极端主张，发扬作为文化认同的儒家价值，清除封建遗毒，以回应西方现代化的挑战，求得儒学的复兴。早在20世纪80年代的"文化热"中，这些海外新儒家学者就积极往来于内地和香港之间，一些新鲜观点的传播与交流激起了中国学者的积极回应。这种回应主要表现在两方面，一方面，在国家的支持下，学者们开始对现代新儒学思潮进行系统研究，1987年在方克立、李锦全主持下开展的"现代新儒学思潮研究"，其研究成果和著述在20世纪80年代末、90年代初相继问世；另一方面，表现出一种情绪化的极端倾向，有的学者公然质疑马列主义的普遍真理性，叫嚣"儒学理应取代马列主义，恢复其历史上固有的崇高地位，成为当今中国大陆代表中华民族生命与民族精神的正统思想"①。在20世纪80年代末、90年代初的国际政治大背景下，这些言论从一个侧面反映出国内思潮的混乱倾向。继自由主义全盘西化思潮之后，儒学复兴的思潮也正式公开挑战马列主义的领导地位。

针对新时期马列主义受到的一系列挑战和质疑，1991年张岱年先后发表了《我为什么信仰辩证唯物主义》《读列宁的哲学笔记》两篇文章，重申自己对马列主义的信仰。文章现身说法，讲述了自己接触和学习马列主义的经过和体会，并从哲学高度对辩证唯物主义和《哲学笔记》给予了高度评价。张岱年坚信"在今天的中国，马克思主义的普遍真理与中国的优秀传统中的基本真理必将融为一体，共同构成社会主义中国新文化的理论基础"。②针对"儒学复兴"的思想，20世纪90年代他明确指出，仅在最一般最抽象的意义上继承了儒学的普遍性思想的学说实际上很难称为儒学。中国在进行现代化建设的过程中，复兴儒学固然无法完全解决所有问题，但如果全盘否定儒学，将会失去文化的根本和立足之地。他主张对于儒家思想"既不能全盘肯定，也不能以漠然的态度弃置不顾"③，并一再重申中国文化的复兴只能走文化综合创新之路。

对于国内火热开展的现代新儒学研究，张岱年也有所保留。固然

---

① 蒋庆：《中国大陆复兴儒家的现实意义及其面临的问题》，转引自张允熠《评〈中国大陆复兴儒学的现实意义及其面临的问题〉》，《高校理论战线》1997年第4期。
② 张岱年：《张岱年全集》第七卷，河北人民出版社1996年版，第160页。
③ 张岱年：《张岱年全集》第七卷，河北人民出版社1996年版，第76页。

这一研究始终强调"同情地了解，客观地评价，批判地超越"①，但大张旗鼓的研究本身无形中助长了儒学复兴论的思潮。对于新儒学研究者把梁漱溟、熊十力、冯友兰、贺麟划为新儒家的提法，张岱年曾提出异议。他认为：梁漱溟先生既赞成儒家，又赞成佛教，从其终极关怀来说，梁先生所信的是佛教。熊十力先生本来是学佛学的，后来由佛归儒，推崇孔子，推崇《易传》，而对汉唐经师、宋明理学均取排斥的态度，说熊先生是新儒家，他自己也未必能接受。"冯先生是继承、发展程朱学说的，但同时他又接受了柏拉图的学说。说他是新程朱派可以，说他是新柏拉图主义也可以。贺先生赞成儒学，但也宣扬黑格尔主义。"②中华人民共和国成立后，两位先生都明确表示接受辩证唯物主义，贺麟先生更是成为中国共产党的一员。因此，将他们归类为新儒家并不恰当。

二 社会主义市场经济新时期的文化反思

1992年年初，邓小平发表南方谈话，解决了姓资姓社的问题，提出了"三个有利于"的标准，小平同志强调了社会主义的本质在于"解放生产力，发展生产力，消灭剥削，消除两极分化，最终达到共同富裕"③。当年10月，中国共产党第十四次全国代表大会召开，确立了建立社会主义市场经济体制的目标。中国改革开放的进程进一步提速，文化发展领域的新问题随之而来。

1992年，在中国改革开放重要转折的关键点，张岱年热情洋溢地写下了《中国文化的光辉前途》和《中国文化的新时代》两篇文章，表达自己对中国文化发展前景的信心。之后，他又发表《试论中国文化的新统》《论中国哲学发展的前景》《现代中国哲学发展的道

---

① 方克立：《现代新儒学与中国现代化》，长春出版社2008年版，第122页。
② 张岱年：《张岱年全集》第六卷，河北人民出版社1996年版，第212页。
③ 《邓小平文选》第三卷，人民出版社1993年版，第373页。

路》等文章，从哲学的高度指出"新时代的中国文化应以唯物论与辩证法为主导思想""新时代的中国哲学，唯物论与辩证法应占主导地位"，这种唯物论和辩证法是"马克思主义与中国哲学中的唯物论与辩证法的优秀传统的综合"。①

随着改革开放的深入，中国大众思想道德领域的问题不断涌现。许多人认为市场经济体制导致了社会上的拜金主义、享乐主义、个人主义等问题，开始向传统文化寻求帮助。于是思想层面的儒学复兴思潮到 20 世纪 90 年代中后期发展成大众文化层面的"国学热"，一时间各大媒体高谈传统文化，民众开始读经尊孔。张岱年对学术和大众层面的"国学热"持肯定态度，他认为研究国学是为了增强民族的自我认知，一个民族只有对自己的优秀传统文化有所认识，才能具有民族自尊心和自信心。同时他也清醒地指出，思想道德领域出现的诸多问题并不是什么新思潮，而是久已有之的陈腐思想，是传统文化中的消极因素，是我们应该摒弃和克服的；我们既要认识传统文化的长处，也要认识传统文化的缺陷，"要理解传统，更要超越传统"。②这一时期张岱年加强了对道德问题、价值观问题和民族精神问题的研究，其文化理论也更加丰满。

1997 年，张岱年和王东共同发表《中华文明的现代复兴和综合创新》，明确提出，21 世纪中国文化的复兴只能走"'古今中外、综合创新'的道路"③。文章还从世界历史高度，提出了中国文化未来发展的十大创新，指出这将是对中华文明和世界文明的重大发展。在历史的车轮进入了新千年的起点上，这位历经沧桑的世纪老人睿智地断言，"21 世纪应是中华民族伟大复兴的世纪"，中华民族伟大复兴，"一方面在科学技术上要赶上西方科技前进的步伐，在科学技术上不断有创

---

① 张岱年：《张岱年全集》第七卷，河北人民出版社 1996 年版，第 451—452 页。
② 张岱年：《张岱年全集》第七卷，河北人民出版社 1996 年版，第 521 页。
③ 张岱年、王东：《中华文明的现代复兴和综合创新》，《教学与研究》1997 年第 5 期。

造性的贡献，同时在政治生活上奠定社会主义民主法治传统，真正实现依法治国；另一方面要大力弘扬中国文化中的优秀传统。为世界文化的百花园做出独特的贡献"①。

小　结

幸而张岱年并不是一个孤独的思想者，其综合创新文化观一路走来得到了许多学者的赞同、支持和阐发。综合创新文化观奠基之时，学者苏渊雷给张岱年写信表达赞同和支持。苏渊雷写道："尊论谓以新唯物论为本，先求唯物与理想二义之综合，而兼综解析法，以此求一真的可信的有力的哲学，能作生活之指导的哲学。言解析所以察乎几微而免混淆，言唯物所以不违实际而远离虚幻，言理想所以克服天然而造于至善者，切问近思，真探本抉微之谈也。"②综合创新文化观重新提出后，更是得到了学界的普遍支持和认同，除了先生门下弟子外，方克立便是典型代表之一。方克立读了张岱年和程宜山的《中国文化与文化论争》一书后，撰文《大力宣传我们的文化主张——综合创新论》，文中称在20世纪80年代文化论争中，自己"最能心契和赞同"综合创新论，他认为该论"既坚持了马克思主义的文化观，又最符合中国的国情，适应了建设有中国特色社会主义文化的需要"③。他把张岱年综合创新文化观的基本内容表述为"古为今用、洋为中

---

① 张岱年：《新千年感言中华民族伟大复兴的世纪》，《中国社会科学院研究生院学报》2001年第1期。
② 苏渊雷：《苏渊雷全集·哲学卷》，华东师范大学出版社2008年版，第105页。
③ 方克立：《现代新儒学与中国现代化》，长春出版社2008年版，第294页。

用、批判继承、综合创新"①。除了方克立以外，阐释和发展综合创新文化观的主要战将当数王东，王东深谙综合创新文化观的精髓，20世纪90年代以后，他经常和张岱年探讨怎样进一步发展综合创新文化观。1997年，二位先生在《教学与研究》第5期上联合发表《中华文明的现代复兴与综合创新》一文，申明了综合创新的文化主张。

① 方克立:《现代新儒学与中国现代化》，长春出版社2008年版，第298页。

第二章 张岱年综合创新文化观的理论来源[①]

在综合创新文化观的理论来源问题上，学界一直没有一个清晰的定位，在已有的研究成果中，大多倾向于一种单一理论来源的观点。

张立文最早把张岱年先生的思想定位为"新气学"，在他看来，综合创新论的理论来源主要是中国宋明理学中的气学。尽管他也承认综合创新论和其他文化理论一样，有合理的内涵和学术价值，但他认为张岱年的"新气学"是接着中国传统哲学讲，综合创新论只是文化整合的方法，没有具体的理论或学说框架。无独有偶，刘军平在《传统的守望者——张岱年哲学思想研究》一书中也将张岱年先生定位为"传统的守望者"，他认为张岱年哲学思想的源头有二：一是先秦哲学中孔子的仁学、老子的道学、《易传》的变易与刚健；二是张载、王廷相、王夫之主"动"的谱系，二者构成了张岱年哲学思想的基础和创新源泉。

实际上，张岱年先生自己从未使用过"新气学"这个名称，他对中国哲学中"气论"的重视，乃是因为此派以"气"这一唯物的范畴作为解说一切的根本，可谓中国哲学中的唯物论，张岱年讲气一元论或气本论乃是强调其唯物的方面。对于张立文对张岱年先生的误解，

[①] 方克立:《现代新儒学与中国现代化》，长春出版社2008年版，第294页。

李存山曾与之进行过商榷。商榷文章针锋相对，讨论了"接着讲"与"超越"，"新气学""新儒学"与"新唯物论"等主要问题，有力地回应了对张岱年先生的误解。本书认为，因为是商榷文章，要针对对方观点展开论述，没有触及根本性的问题。这里涉及的根本问题是张岱年哲学和其文化综合创新论的理论来源问题。之前的研究者对综合创新文化观的理论来源问题没有给予足够重视，无法有力回应对该理论的质疑和责难。误读者大多倾向于一种单一理论来源的说法，从单一来源说来理解张岱年综合创新文化观，便会得出这一理论是"新瓶装旧酒"的观点，以致认为这一理论没有太多的现实价值和意义。本书认为，对综合创新文化观理论来源的单一解释无法真正反映其理论深度，将这一理论说成是对中国传统文化的发展有一定道理，但不应过分夸大这种影响，否则会遮蔽综合创新文化观的广度，也无法反映其深刻内涵。全面考察张岱年的理论，本书认为综合创新文化观的理论来源可以概括为"一个桥梁，三个源头"。一个桥梁强调张申府在张岱年思想形成过程中的引导和启迪作用，三个源头强调综合创新文化观对新唯物论精髓、西方哲学逻辑解析方法和中国传统哲学中"活的"东西的综合创新。

第一节　思想桥梁张申府——张申府对张岱年哲学思想的引导

近一千年前，中国哲学出现了继春秋战国时代后的第二次大综合、大创新，当时的"二程兄弟"——程颢和程颐，起了相当重要的奠基作用。程颢（1032—1085年）、程颐（1033—1107年）出身世家，为同胞兄弟，十五六岁时共同师从于周敦颐，而后程颢以从政为主，程颐以从教为主。二者哲学思想大同小异，都把儒家、道家、佛家综合起来，同为宋明理学的最初奠基人。类比于此，张申府（1893—1986年）和张岱年（1909—2004年）或可称为20世纪的"中国哲学二张兄弟"，祖籍河北的二张兄弟也是出身世家的同胞兄弟，后成为北京籍哲学家。张申府先生热衷于社会政治活动，张岱年先生潜心于学术研究。从20世纪30年代起，二张兄弟成为倡导中、西、马三大哲学综合创新的学术奠基人，同时又是中、西、马三大文化流派综合创新的学术奠基人。与二程兄弟师出同门不一样，二张兄弟年龄相差十多岁，张岱年上高中时，长兄就已在中国哲学界小有名气。在张岱年哲学思想和文化观形成发展的过程中，长兄张申府是一个亦师亦友的桥梁式人物，他对张岱年哲学思想的引导主要体现在两个方面，一是学术道路的选择，二是学术思想的启迪。

一 在长兄引导下走上哲学研究的道路

人生道路的选择是一个复杂的过程，其中蕴含内外因的交织作用。张岱年走上哲学研究的道路，除了自身对哲学感兴趣外，很大程度上得益于长兄张申府的指引。张岱年有两位兄长：长兄张申府，原名崧年，是中国现当代哲学家、逻辑学家，以研究罗素哲学闻名；二兄张崇年，是中国现当代物理学家。张氏三兄弟在自己的研究领域都算是杰出人物，可见其家教家风的优良，这可算是张岱年走上哲学研究道路的土壤。张岱年初中二年级时，开始有志于学，对史学、哲学特别感兴趣，这一兴趣可算是其走上哲学研究道路的萌芽。

张岱年在晚年的回忆文章中多次提到，自己青年时期初习哲学，受到长兄的引导。张申府对张岱年在哲学研究道路上的引导，首先体现为他作为榜样的示范和激励作用。1923年暑假，张岱年考入北京师范大学附属中学实验班。初中二年级时，张岱年受同学影响接触中国哲学，读了《老子》《新解老》，后来又读了《哲学概论》一类的书，这些哲学类的书籍使张岱年对哲学和宇宙人生问题产生了浓厚的兴趣，也是从那时起，张岱年养成了致思的习惯。升入高中后，开设中国哲学史课程的班主任汪震先生有一次对张岱年说起，称张岱年的长兄张申府是"现在中国哲学界新实在论的代表"[①]。在此之前，由于长兄常年在外，与张岱年年龄差距较大，作为小兄弟的张岱年可以说对长兄并无太多了解，第一次从一位学识渊博的哲学老师处听到有关长兄的评价，张岱年内心不可能波澜不惊。他在惊讶于长兄名声在外的同时，心中难免也会生出更多的敬佩。"中国哲学界新实在论的代表"这一简短的表述，莫说对于高中生，即使是哲学研究者也会肃然起敬，而这"代表"正是自己的长兄张申府，张岱年初中时对于哲学研究的兴趣被身边的榜样照亮了。性格内向少言的张岱年听了汪老师对长兄的评价后，定不会去找长兄求证，但依着这个线索和他对哲学的兴趣，他定会去了解新实在论的哲学和长兄的思想。

张岱年读大学期间，与同学组织了一个叫"人间社"的学生社团，该社团有时会邀请校外学者来讲座。当时在私立中国大学当教授的张申府就曾受邀到该社讲"辩证唯物论与唯物辩证法"，据张岱年回忆，同学们听了讲座很受启发，他甚至记得一位同学听完讲座后的反馈，该同学说："还是请学者来讲好，真正有内容。"[②] 如果说高中时班主任对长兄的不经意赞扬让初闻的张岱年还有些摸不着头脑，那么大学时他对长兄的思想应该有了更多的了解，从同学处听来的对长兄的朴实夸赞"真正有内容"让张岱年记了一辈子，也潜移默化地影响了他未来的哲学研究。张岱年一生著作颇丰，他表达思想言简意赅，绝无空话废话，张申府这个"真正有内容"的学者对他的示范和激励

[①] 张岱年：《张岱年全集》第八卷，河北人民出版社1996年版，第504页。
[②] 张岱年：《张岱年全集》第八卷，河北人民出版社1996年版，第547页。

作用不可忽视。

张申府对张岱年在哲学研究道路上的引导，还体现为他作为师长的指导作用。学习和研究哲学最主要的方法是阅读经典著作，哲学史上的经典著作浩如烟海，选择读什么著作对于初学哲学的人来说很关键。哲学专业的学生都有这样的经验，老师提供的经典著作阅读书单一定要反复认真研读。张岱年大学期间就读于教育系，对于哲学，他大部分靠自学，大学期间他主要研读中国古典哲学著作和西方哲学英文原著。在西方哲学著作的阅读上，长兄张申府扮演了导师的角色。张申府本身是罗素专家，在他的引导下，张岱年细心钻研了英国新实在论的哲学，阅读了西方唯心论及实用主义的著作。在阅读中，张岱年对罗素一派的逻辑分析方法颇为赞赏。此外，张岱年对马克思主义著作的学习也得到了张申府的指引。1921—1922年，张申府在欧洲游学，同时组织并参与中国共产党在欧洲支部的活动，他当时就能对其他与会者演讲马克思和恩格斯的哲学背景，可见其对马克思主义有哲学层面的基本了解。也是在张申府的引导下，张岱年从阅读经典作家的原著中译本开始学习马克思主义著作。相比于借助教材的学习方式，阅读原著对学习者的要求更高，但学到的东西更纯粹。除了在张申府引导下有选择地进行西方哲学和马克思主义哲学著作的阅读，大学期间的张岱年还经常阅读长兄写的思想杂记，与长兄讨论哲学问题。哲学经典著作的阅读、哲学问题的讨论为非哲学科班出身的张岱年日后走上哲学研究道路奠定了坚实的基础，其中，哲学科班出身的哲学家张申府的引导作用功不可没。

张申府除了在张岱年自学哲学的过程中进行引导，还指导和鼓励他撰写并公开发表哲学论文，向他引荐当时哲学界的许多著名学者，为他未来以哲学研究为业铺平了道路。1932年，张申府担任《大公报》的《世界思潮》副刊主编，使还在读大学的张岱年有机会在此副刊发表学术文章。在这些文章前后，张申府有时会加上"编者按"，对张岱年的思想加以评述。这些毫不掩饰溢美之词的评述对刚刚涉足学术界的张岱年来说，无疑是一种莫大的肯定和鼓励。发表学术文章不仅要对哲学史上哲学家的思想有准确把握，更要有自己的独到观点，张岱年也正是在发表这些哲学论文的过程中开始反思前一阶段自学获得的知识，并逐渐形成自己的思想。在学术界崭露头角后，由张申府介绍，张岱年认识了熊十力、金岳霖、冯友兰等哲学界的前辈，得以近距离向他们请教哲学问题。张申府曾先后任教于北京大学、清华大学等国内知名学府的哲学系，与当时北大清华的哲学家不仅有同事关系，更有深交的好友，把自己热爱哲学的小兄弟引进哲学圈，介绍给这些学术大家，也算是顺理成章。当然，这种介绍很多时候并不是单向的，因为有了公开发表的学术文章，张岱年在学术界也算是有了"名片"，张申府更多地扮演了中间人的角色。比如张岱年与熊十力先生的相识，就是熊十力看了张岱年的文章后，主动对张申府提出想和其弟弟谈谈，于是张岱年到熊十力的寓所拜访。1932年，由张申府介绍，张岱年访问金岳霖。一见面，金岳霖就提及张岱年发表在《大公报·世界思潮》的《"问题"》一文很好。张岱年晚年回忆说："我有幸能向前辈熊十力先生、金岳霖先生、冯友兰先生和吾兄申府问学，这不能不说是幸运。"[①]

张岱年走上哲学研究的道路，最终以哲学为业，最关键的一步就是入职清华大学哲学系。1933年，张岱年从北京师范大学毕业，面临择业就业问题。北京师范大学教育学系本科毕业的张岱年最后进入了清华大学哲学系任教，其中最直接的原因是他大学时期已经发表了多篇学术论文，经由冯友兰、金岳霖推荐，得以进入清华大学哲学系任助教，与长兄张申府成为同事。在职业生涯的开端，张岱年也悉心听

[①] 张岱年：《张岱年全集》第八卷，河北人民出版社1996年版，第464页。

取张申府的指导,当时他讲授的哲学概论课程用的教材就是张申府推荐的英文教材。

张岱年从热爱哲学,到自学哲学、钻研新实在论、学习马克思主义,再到公开发表论文、结识哲学界的前辈,最后以非哲学科班身份进入清华大学哲学系任教,这个过程中有他自身的兴趣和努力的因素,更离不开其长兄张申府的引导。张申府细致呵护着青年张岱年对哲学研究的萌芽,并不失时机地促成其茁壮成长,最终让张岱年顺利走上了哲学研究的道路。张岱年也没有辜负自己的热爱和长兄的引导,大学毕业后,他几十年如一日进行哲学教学与研究工作,不管外部环境如何变迁,始终默默坚守着青年时的选择。

二 在学术上与长兄同调

除了哲学研究道路选择上的引导之外,张申府对张岱年的影响更在于对其哲学思想的启迪。正如马克思、恩格斯经由费尔巴哈的启迪最终超越了黑格尔,创立了马克思主义哲学,张申府对张岱年最终创立综合创新文化观所起到的启迪作用亦不容忽视。张岱年认为在哲学思想方面,自己与长兄张申府同调。本书认为,这种同调并不是单纯的英雄所见略同,而是张申府启迪的结果。张岱年自己也承认青年时期钻研哲学,深受长兄张申府的启迪。

张岱年晚年在《回忆清华哲学系》一文中描述自己在20世纪30—40年代在清华大学哲学系时的思想,称自己"在哲学理论方面赞扬新实在论的逻辑分析方法,更高度推崇马克思主义辩证唯物论的价值,主张将唯物论、解析方法与中国哲学中的优秀传统综合起来"[1]。上文已经谈到,张申府是当时新实在论哲学的代表,是研究罗素的专家,张岱年从最初接触新实在论哲学到后来认可并赞扬逻辑分析方

---

[1] 张岱年:《张岱年全集》第八卷,河北人民出版社1996年版,第538页。

法，都得益于张申府的引导，张岱年开始学习马克思主义也离不开张申府的引导。启迪与引导的最大差别在于，启迪更强调新视角或新思想的产生，当我们谈论张申府对张岱年学术思想的启迪时，也是更多从这方面来讲。本书认为，从启迪以产生新视角或新思想的角度来说，张申府对张岱年学术思想的启迪体现在两个方面：一是解析的唯物论，二是哲学的综合。

张岱年在长兄引导下关注罗素一派逻辑解析的方法，经过钻研，他对逻辑解析方法的发展、逻辑解析的对象、逻辑解析的目的等问题有了清晰的理解。张申府在强调罗素的逻辑解析方法的同时，提出罗素的缺陷之一在于对唯物辩证法"没大了解"，这一观点启迪张岱年把逻辑解析与辩证法相对比。张岱年认为辩证法也有解析的方面，他称为"辩证的解析"（Dialectical Analysis），相比于逻辑解析，辩证的解析着眼于矛盾，当辩证解析以概念理论观点为对象时，它也是一种特殊的逻辑解析法。在20世纪30年代，张岱年虽强调逻辑解析对于哲学的根本重要性，但也提出方法论的多元主义。张申府从罗素出发，认为罗素的缺陷在于辩证唯物论的缺失，张岱年在此启发下转换思路，从辩证唯物主义出发，提出当时中国的新唯物论需要借助逻辑解析的方法来厘清。张岱年公开发表的第一篇文章是《关于老子年代的一假定》，这篇文章主要是对哲学史的考证，随后他转而深入研究中国传统哲学中的辩证法，接连写出《先秦哲学中的辩证法》《秦以后哲学中的辩证法》两篇文章。究其原因，我认为是张申府对唯物辩证法的重视，启迪了本就对中国哲学感兴趣的青年张岱年。

20世纪30年代的中国学界有人把二张兄弟称为解析的唯物论一派，并给予了很高的评价。然而，不管是张岱年还是张申府本人都没有对所谓的"解析的唯物论"进行过系统论述，说他们是解析的唯物论者，更多是从他们当时推崇的哲学方法来说的；张申府对张岱年哲学思想的启迪在于解析的唯物论，也是从哲学方法来说的。要言之，所谓解析的唯物论在张岱年哲学思想中体现为：用逻辑解析法厘清当时中国的新唯物论，进而厘清中国传统哲学中的概念理论观点。

如果说"解析的唯物论"是张申府对张岱年在哲学方法上的启迪，那么"哲学的综合"除了哲学方法，还涉及思维方式的启迪。张岱年在谈到自己20世纪30—40年代的学术研究时曾提到张申府的"列宁、罗素与孔子，三流合一"使他颇受启发。他在1933年4月27日《关于新唯物论》一文中指出，"本刊编者曾云：'我的理想；百提（罗素），伊里奇（列宁），仲尼（孔子），三流合一。'吾以为将来中国之新哲学，必将如此言之所示。将来之哲学，必以罗素之逻辑解析方法与列宁之唯物辩证法为方法之主，必为此二方法合用之果。而中国将来如有新哲学，必与以往儒家哲学有多少相承之关系，必以中国固有的精粹之思想为基本"[1]。这个"本刊编者"就是时任《大公报·世界思潮》主编的张申府。张岱年先生在1936年写的《哲学上一个可能的综合》一文，便在"罗素、列宁、孔子三流合一"思想上进行了具体的发挥，提出"唯物、理想、解析"的综合。张申府的"列宁、罗素与孔子，三流合一"强调将列宁的唯物辩证法、罗素的逻辑解析法和孔子的仁的学说综合起来。张岱年相比于长兄有所发展的地方在于，在中国哲学方面不单重视孔子的思想，而是重视从中国哲学的整体上吸收各个思想家的精华。他的"唯物、理想、解析"的综合除了在方法上强调唯物辩证法与形式逻辑的综合，也强调把现代唯物论哲学与中国古代哲学的优秀传统结合起来。唯物、理想、解析是对马克思主义哲学、中国传统哲学和西方逻辑实证主义三种哲学精髓的概括，相较于张申府使用人物来进行的概括更具准确合理性。也正是在哲学综合这一思维方式的启迪下，张岱年深入探讨哲学和文化综合创新的问题。在文化发展问题上，张申府针对新文化运动以来的

---

[1] 张岱年：《张岱年全集》第一卷，河北人民出版社1996年版，第133页。

各种文化主张,提出新启蒙运动的计划,他认为中国未来的新文化既要有对固有文化的自觉,又要在面对外来文化时的自信,做到学问的人化和中国化。在文化上,新启蒙运动应该是综合的,是现有各种文化的一种辩证或有机的综合。这种在文化发展上综合的思维方式启迪了张岱年,与张申府对"现有各种文化的综合"态度不同,张岱年具有明确的马克思主义立场,在对哲学进行综合创新的沉思之后,提出了文化的综合创造,后来逐渐发展深化为综合创新文化观,力倡中华优秀传统文化、西方近现代文化、马克思主义新文化的综合创新。

第二节 新唯物论是综合创新文化观的灵魂之源

在考虑文化的综合创新之前,张岱年最先考虑的是文化的核心部分——哲学的综合创新。在哲学的综合创新方面,又是以新唯物论为基础的,新唯物论可谓文化综合创新论的灵魂之源。需要指明的是,这里所说的新唯物论是指马克思、恩格斯所创立的哲学。马克思在《关于费尔巴哈的提纲》中说:"旧唯物主义的立脚点是市民社会,新唯物主义的立脚点则是人类社会或社会的人类。"[①] 早在 20 世纪 30 年代,二张兄弟已被列入新唯物论的哲学家之列,二张兄弟主张将西方哲学逻辑解析法引入新唯物论,故其理论又被称为"解析的唯物论"。张岱年何以以新唯物论为综合创新的基础呢?这还得从他学习新唯物论的经历说起。

张岱年从大学时代开始接触马克思主义哲学,这种接触是以一种

---

① 《马克思恩格斯选集》第一卷,人民出版社 2012 年版,第 136 页。

最直接最纯粹的方式开始的。20世纪20年代末30年代初,关于辩证唯物论的中文译著在国内比较流行。这个时期也就是张岱年在北京师范大学读书的阶段（1928—1933年）。在长兄的指引下,张岱年开始学习马克思主义哲学,开始时阅读了恩格斯的《费尔巴哈论》《反杜林论》和列宁《唯物论与经验批判论》（旧译）的中文译本。① 当时马克思主义传播热潮正在中国掀起,这三部著作在大学校园里算是畅销书,加之长兄张申府的推荐。然而,张岱年先生对这几本马克思主义哲学著作中译本却不太满意,"译笔不甚明畅",但"能窥见大意"② 是他对译本的评价;相比之下,英译本要明晰很多（张岱年直到40年代才读到这些著作的英译本）。大概正是基于此而又感觉到《费尔巴哈论纲》（《关于费尔巴哈的提纲》）在马克思主义哲学中的重要地位,1932年10月15日,张申府在天津《大公报》副刊《世界思潮》第7期刊载了自己翻译的《佛耶巴赫论纲》,也就是《关于费尔巴哈的提纲》。《费尔巴哈论》也就是恩格斯的《路德维希·费尔巴哈和德国古典哲学的终结》,该书是了解马克思主义的通俗教程,其后附录的《关于费尔巴哈的提纲》更是马克思哲学创新的大纲。张申府外语和哲学功底深厚,是中国最早接触马克思主义的学者之一,他对马克思主义哲学有较深刻的了解,他在法德期间便经常给中国青年学生讲述马克思和黑格尔的思想。在长兄的影响下,张岱年在最初接触马克思主义哲学时,便读到了原汁原味而又最能表现马克思哲学创新实质的著作《关于费尔巴哈的提纲》。20世纪90年代写的《回忆录》中,谈到学习马克思主义,张岱年又加了《共产党宣言》和李达译的《辩证法唯物论教程》两本著作。《辩证法唯物论教程》一书由西洛可夫、

---

① 《费尔巴哈论》中译本由彭嘉生翻译,1929年12月上海南强书局出版;《反杜林论》有两个中译本,分别是1930年11月上海江南书店出版的吴黎平译本和12月上海昆仑出版书店出版的钱铁如译本,以吴黎平版出版稍早,流传较广;北京师范大学图书馆收藏的《唯物论与经验批判论》中译本为笛秋、朱铁笙翻译,上海明日书店1930年版。
② 张岱年:《张岱年学述》,林大雄整理,浙江人民出版社1999年版,第22页。

艾森堡等合著，李达、雷仲坚合译，笔耕堂书店1932年初版。张岱年自己曾讲李达的书中他最喜欢的是有关引用列宁《哲学笔记》的条文，因为当时国内还没有《哲学笔记》的中文译本，李达翻译的《辩证法唯物论教程》就成了张岱年接触《哲学笔记》的重要途径之一。从时间上看，张岱年是先接触的马克思主义原著，再看的教科书。通过自觉地学习，他了解了辩证唯物论的基本观点，并把它同现代西方的新实在论、实用主义、生命哲学、突创进化论、新黑格尔主义以及超人哲学做了比较。他认为新唯物论既博大精深又切合实际，是最有价值的哲学，自此便开始了对新唯物论的坚定信仰，新唯物论也成为张岱年治学中自觉运用的指导理论。

张岱年之所以以新唯物论为哲学综合创新的基本，不仅因为新唯物论是"最有征验，最合科学，且最符协于生活实践的哲学"[1]，更因为新唯物论本身就是综合创新的典范，唯物、理想、解析的综合正是开始于新唯物论。马克思的新唯物论在"有机综合了以往旧哲学——包括黑格尔为代表的唯心主义和费尔巴哈为代表的旧唯物主义——的合理成果并扬弃二者各自局限性的基础上，实现了对唯心主义和旧唯物主义的整体超越"[2]，在唯物和对理法综合的同时，也自然综合了理想。但张岱年指出，当时中国的新唯物论对理想的研讨是不充分的，在分析的方法上也相当欠缺。因此新唯物论，"实只雏形，完成实待于将来"[3]，而这种完成与发展，也必须走唯物、理想、解析综合的道路。

---

[1] 张岱年：《张岱年全集》第一卷，河北人民出版社1996年版，第274页。
[2] 王东、林锋：《马克思哲学创新实质新探》，《北京行政学院学报》2006年第5期。
[3] 张岱年：《张岱年全集》第一卷，河北人民出版社1996年版，第132页。

第三节 西方哲学"逻辑解析"法是综合创新文化观的方法之源

大学时对新唯物论的研习影响了张岱年对西方哲学的观点,在当时流行的西方哲学诸派别中,他较注重社会主义和自然科学家的哲学思想。社会主义的哲学思想就是新唯物论,而自然科学家的哲学思想则在新实在论、维也纳学派、现象学和实用主义中都可以寻到踪迹。在张岱年看来,当时中国的新唯物论在分析方法上最欠缺,加之中国传统哲学中方法论也颇不发达,因此他特别重视西方哲学诸方法对新唯物论和中国哲学的补充。在西方哲学诸方法中,张岱年尤其推崇逻辑解析法,称其为 20 世纪初以来哲学中最占优势和最有成效的方法,"治哲学之基本工夫,实在于解析"①,因此逻辑解析的方法可算是综合创新文化观的方法之源。逻辑解析的根本态度是反对玄想,对象是概念、命题。"逻辑解析实并不是把什么整个的事物拆散、割裂,乃是把不同的意谓分别开,把混淆的语言弄清楚。"②张岱年同时指出,辩证的解析也是一种特殊的逻辑解析法,辩证解析专门着眼于矛盾。

张岱年推崇逻辑解析的方法,在很大程度上受长兄的影响。在长兄指导下张岱年读了一些英文哲学著作,最早读到的便是罗素的《我们的外界知识》,他对罗素、穆尔、怀特海、博诺德一派学者的

---

① 张岱年:《张岱年全集》第一卷,河北人民出版社 1996 年版,第 269 页。
② 张岱年:《张岱年全集》第一卷,河北人民出版社 1996 年版,第 178 页。

逻辑分析方法尤为赞赏；同时也读过鲁一士、詹姆士的著作，对实用主义的"有用即真理"之说不能接受。1932—1934年，张岱年写了不少介绍西方哲学的文章：《斯宾诺萨》（1932）、《斯宾诺萨与庄子》（1933）、《维也纳派的物理主义》（1933）、《逻辑解析》（1933）、《怀悌海的教育哲学》（1934），还翻译了石黎克的著作《哲学的将来》。而1932年发表的《知识论与客观方法》一文，则是他对西方哲学史和哲学问题的思考之作。文中论述了知识来源的两个方法：反省法和外察法，张岱年看到外察法是与知识论同时产生的，在洛克、孔德、斯宾塞等的知识论中应用明显，在行为主义那里，则抹杀了内省观察到的一切现象。这里的讨论实际上涉及了西方哲学史上的一个重要问题，也就是西哲传统中的经验论与唯理论的争论。张岱年在分析哲学史的基础上还有自己的思考，他的结论是在知识论领域，最好反省法和外察法并用。这种"并用"并不是简单地调和，而是分离地并用，对不同的知识应用不同的方法。

张岱年推崇解析法，还有一个原因是基于当时学术界大多数人"狂浮的态度"，他指出罗素的著作至少有一个显著的优点，那就是它能够提升人们深入思考的能力。新唯物论的方法是辩证法，但是当时中国社会正处于水深火热的变革时期，新唯物论的传入没有经过理论的精心研究就被应用于革命实践，这样导致中国新唯物论在理论上的先天不足。新唯物论，内涵深刻，但形式粗糙。"若干概念皆无明晰之界说。若干原则又未有精察之论争。"[①] 在当时的背景下，明确辩证法的内涵变得尤为关键，张岱年于是找到了"逻辑解析"作为厘清辩证法的利器。

---

① 张岱年：《张岱年全集》第一卷，河北人民出版社1996年版，第134页。

第四节　中国传统哲学中"活的"倾向是综合创新文化观的动力之源

张岱年综合创新文化观首先是针对中国文化的发展提出的理论，与西化派的"一棍子打死"和国粹派的固执坚守不同，张岱年在新唯物论的影响下，客观分析了中国文化的核心——传统哲学，肯定了中国传统哲学中唯物论和辩证法的内容，他认为这些是中国哲学中"活的"倾向。这些"活的"倾向具体体现为：天人合一的宇宙观，变化流行的宇宙变易观，"反复""两一"的变易条理观，"人我和谐"的人生理想论，知行一贯、现实生活中体现真理的知行观，直接承认外物可知的朴素致知论。正是看到了中国文化中"活的"东西，张岱年才提出了中国文化发展的新希望——文化综合创新。中国传统文化中所蕴含的"生动"特质，为综合创新文化观提供了源源不断的动力，同样也是推动中国文化发展的重要力量。

张岱年从小接受中国传统私塾教育，对于《三字经》、《百家姓》、四书等篇章熟记于心，对中国传统文化耳濡目染。上初中二年级时，张岱年囫囵吞枣地读了《老子》，这算是对中国哲学的最初认识。到了高一时学校开设中国哲学史课程，在老师汪伯烈的启迪下，张岱年的哲学天赋渐渐开启。他发表的第一篇文章《关于老子年代的一假定》便是对中国哲学史开端的考证和分析。上大学时，张岱年读过梁启超的《论中国学术思想变迁之大势》、胡适的《中国哲学史》上卷、冯友兰的《中国哲学史》上卷。但他并不满足于这些著作，他认为这些著作主要是对中国哲学史代表人物、学派的分类分期的叙述性研究，并没有真正厘清或重构中国传统哲学体系。为了弥补这一缺憾，20世纪30年代初期，张岱年阅读了先秦诸子、汉唐哲学、宋明理学，以及明清之际进步思想家王夫之、颜元等的著作，并于20世纪30年代中期完成了《中国哲学大纲》一书。《中国哲学大纲》以问题和范畴为提纲入手研究，开创了中国传统哲学问题史的研究路向。

张岱年对中国传统文化的分析力求全面，不拘泥于讲儒学。他注重中国传统哲学各家的思想，尤其赞赏战国时期百家争鸣的学术氛围，反对学术上的独尊一家，这种学术态度与综合创新文化观的精神一脉相承。他剥离传统文化中的神秘主义外衣，对先秦以前炎黄二帝所象征的民族精神和文化内涵进行了深入思考，对先秦时期除儒、墨、道三家外的各家都有论述，对中国哲学史上没有留下著作的一些思想家，如杨朱、惠施等人，以及一些重要的唯物主义学者，如王充、范缜等进行了研究。北宋以来的新儒学，除程朱理学和陆王心学外，张岱年更看重王颜戴一派（王夫之、颜元、戴震）的气学传统。

张岱年对中国传统文化的分析贴近理论前沿，注重对辩证法和唯物论的阐发。在20世纪30年代，辩证法和唯物论是理论界的前沿问题。1932年，张岱年先后发表了《先秦哲学中的辩证法》和《秦以后哲学中的辩证法》两篇文章，文章详细梳理了自老子到近代西洋辩证法输入前中国古代的辩证法思想。张岱年研究中国辩证法并不是简单地挪用西方已有的理论，他明确讲，研究中国辩证法的原则是不要随便引用西洋辩证法的种种来附会。他十分注重中西辩证法之间的同与异，认为中国哲学中的辩证法思想，主要是通过对自然界和人类事务的深入观察而形成的，肯定事物发展存在着必然的规律性，黑格尔则将辩证法视为"逻辑概念之进展方式"①。在20世纪30年代研究的基础上，中华人民共和国成立后张岱年先后发表了《张载——十一世纪中国唯物主义哲学家》《中国唯物主义思想简史》两本书，论述了中国传统哲学中的唯物论。

张岱年对传统文化的分析贴近现实生活，注重对价值论和人生理想论的研究。重视人生论是中国传统文化的一大特点，张岱年尤其注重发掘这一特点。他指出，中国哲学以人生论为中心（西洋哲学以知识论为中心），人们便以为中国哲学畸形，实际上，"根据生活实践以创立伟大切实的理想以为人类努力之标的，正是哲学之重要任务"②，而这一点是包括新唯物论在内的西方哲学重视不足的。

总之，在张岱年那里，中国传统文化不仅是活的，而且是丰富的、深刻的、与现实生活紧密相关的，其中的精华是中国文化综合创新的动力之源。

小 结

文化的核心是哲学，张岱年认为中国哲学的前途在于唯物、理想、解析的综合，这种综合始于新唯物论的创始人，也必将成为新唯物论完善和发展的必由之路。中国文化的复兴，在于改造旧文化，创造新文化，这种新文化有坚实的哲学基础，文化的综合创新与哲学的综合创新可以说是一个问题的不同层面。

---

① 张岱年：《张岱年全集》第一卷，河北人民出版社1996年版，第41页。
② 张岱年：《张岱年全集》第一卷，河北人民出版社1996年版，第271页。

通过本章的分析，我们可以看到"一个桥梁，三个源头"是对综合创新文化观理论来源的全面概括。"桥梁"象征着张申府对于张岱年思想发展的重要影响和启发，而"源头"则凸显了新唯物主义的精华、西方哲学的逻辑分析方法以及中国传统文化中富有生机元素的重要性。综合创新不仅是一种文化观念，更是一种文化的创新实践。其中，张申府的引导和启迪最直接，新唯物论的影响则最深远，大学时期对新唯物论的研习不仅影响了张岱年之后的西方哲学和中国哲学观，也深刻影响了他的一生。

第三章　张岱年综合创新文化观的哲学基础

"兼和"说,以创造为核心的"兼和、日新、创造三位一体"说,"新唯物论和对理"说是关于张岱年文化观哲学基础的三种重要论述,本章将剖析以上三种观点。本书提出张岱年综合创新文化观的哲学基础是马克思主义新唯物论,具体体现为在世界观层面以新唯物主义唯物、辩证的世界观为基础;在方法论层面,基于对文化发展辩证法的认识;在价值观层面,以"和谐"抑或"兼和"为归宿。

第一节　贯通张岱年思想的"大原则"

正如孔子在《论语·里仁篇》中讲:"参呼,吾道一以贯之。"伟大的思想家都有自己"一以贯之"的道,张岱年也不例外。在文化观上,张岱年指出,综合创新论的综合不是拼合与凑合,而需有一大原则贯通整合,这个大原则即综合创新论的哲学基础,它贯穿了张岱年的文化观和整个哲学体系。孔子因材施教,在对自己"一以贯之"

之道的解释上因人、因时而异，张岱年也继承了孔圣人的遗风。在"一以贯之"之道的问题上，他曾先后和刘仲林、刘鄂培两位先生谈论过。

1996年，刘仲林就曾问过张岱年贯通新哲学的"大原则"是什么。张岱年的回答是："我当时（指20世纪30年代）想到的通贯宇宙观人生观的一贯原则是'一本多级'。物质是一本，生命、心灵是以物质为基础的更高层级。"① 后来张岱年又补充强调了"生生日新"的观点，他指出应该肯定宇宙是一个生生日新的历程。1999年6月9日，刘鄂培当面请教张岱年先生："兼和是您文化观'综合创新'的哲学基础，是您的治学和待人接物之道，是您哲学中的精髓所在。"张岱年回答说："你解释很对，现在很少有人这样来理解我的哲学。"刘鄂培又问："以兼和思想作为贯穿在您的哲学和文化观中的核心思想如何？"张岱年说："可以这样。"② 刘鄂培与张岱年的这段谈话简洁明晰，在学界流传较广，影响较大。鉴于此，方克立先生把"兼和为上"作为张岱年的晚年定论，并撰文详细分析了"兼和"范畴的形成过程和理论内涵。应该注意的是，张岱年的回应是在问答访谈中呈现的，观点的提出是问者的理解，张岱年讲"现在很少有人这样来理解我的哲学"，也即意味着还有其他的理解。

不久，刘仲林又针对以上几种说法专门请教张岱年，新哲学"大原则"的落脚点应该是哪一个。张岱年回答："这几种说法角度不同，但彼此间有一内在联系。'自强不息'是积极进取的精神，其思想基础是'生生日新'，《易传》又说：'日新之谓盛德，生生之谓易。''生生''日新'即不断创造之义。"③ 刘仲林据此指出，在张岱年的观念

---

① 刘鄂培、杜运辉、吕伟编：《张岱年哲学研究》，昆仑出版社2010年版，第351页。
② 陈来主编：《不息集——回忆张岱年先生》，北京大学出版社2005年版，第71页。
③ 刘仲林：《新世纪中国哲学大纲——综创论视野中的新哲学探索》，载王中江主编《中国哲学的转化与范式——纪念张岱年先生九十五诞辰暨中国文化综合创新学术研讨会文集》，中州古籍出版社2006年版，第459—460页。

中,"兼和""日新""创造"三者不相分离,互为支撑,共同构成综合创新论的理论基石。"自分者说之,自强不息、厚德载物,都属大原则;自合者言之,'生生日新'是统一的核心,用现在的名词来说,就是'创造'。"[1]2009年干春松在《超越激进与保守——张岱年与综合创新文化观》一书中把新唯物论和"对理"作为张岱年文化观的哲学基础,他指出,新唯物论是张岱年自己所采用的名称,"针对当时中国思想界好走极端的总体倾向,而创造出一种能够吸收西方思想和自身的思想传统的新的哲学方法"[2]。"对理法"即辩证法(Dialectic),张岱年主张将这一词翻译为"对理法"或"对演法"。

至此,研究者在揭示张岱年文化观的哲学基础时使用了"兼和""日新""创造""新唯物论""对理法"五个概念,涉及三种重要论述。"兼和"和"三位一体"的论述都得到过张岱年的肯定,有相同的地方,也有重大的差异;"新唯物论和对理法"的论述也可以从他的文本中找到相关论证,但论者似乎没有搞清楚新唯物论到底是什么东西,更没有搞明白"对理法"是新唯物论题中的应有之义。可见,关于张岱年文化观的哲学基础问题至今还没有形成统一的结论。上述五个概念的关系有待进一步厘清,三种论述背后有无更根本的原则也需深入分析。

---

[1] 刘仲林:《中国哲学与文化创新之源——张岱年综合创新论钩玄》,《天津师范大学学报》(社会科学版)2010年第1期。
[2] 干春松:《超越激进与保守——张岱年与综合创新文化观》,中州古籍出版社2009年版,第104页。

第二节 "新唯物论"与"对理法"的关系

对于新唯物论这个名词，现在学界还存在一些误解，一些学者把张岱年的哲学思想，尤其是早期的哲学思想称为新唯物论。如上节提到干春松不仅认为新唯物论是张岱年在辩证唯物论思想和分析哲学的双重影响下自创的理论，甚至把新唯物论和辩证法并列为综合创新文化观的哲学基础，这既没有理解什么是新唯物论，也没有理解唯物辩证法是新唯物论的本质体现之一。杜运辉指出："张岱年先生创始于20世纪30年代前期的'新唯物论'，既坚持了马克思主义哲学的基本原理，又进行了新的理论创造。"[1]这里说张岱年"既坚持了马克思主义的基本原理，又进行了新的理论创造"是没有疑义的，说新唯物论是张岱年创立的就有待商榷了。还有一些学者则不主张用新唯物论概括张岱年的思想。张立文就提出"把张岱年哲学思想称谓为'新唯物论'，怕有混同叶青哲学之嫌"[2]，他主张把张岱年的哲学定位为"新气学"，这实际上也没有真正理解新唯物论与张岱年的关系。

基于以上的诸多误解，本书有必要先给新唯物论正名，名不正则言不顺。张岱年先生自己讲过苏俄国家公信的哲学"即新唯物论，即辩证法的唯物论，或马克思主义哲学"[3]。通过对马克思主义哲学史的

---

[1] 杜运辉：《张岱年"新唯物论"哲学初探》，《中国社会科学院研究生院学报》2007年第2期。
[2] 张立文：《超越与创新——答李存山先生》，《学术月刊》1999年第10期。
[3] 张岱年：《张岱年全集》第一卷，河北人民出版社1996年版，第70页。

研习，我们可以了解到，新唯物主义乃是指马克思、恩格斯首创的新哲学。新旧唯物主义的立足点迥异，前者立足于人类社会，后者立足于市民社会。这一理论不仅包含了超越唯心主义的普遍唯物主义原则，更包含了对传统唯物主义的重大创新。可见新唯物论不是张岱年自己的发明，而是马克思本人对自己新哲学的科学命名。

新唯物论之新，体现在马克思主义哲学的本质上，我们可以从对马克思主义哲学的命名中窥见这一问题。我们所熟知的"辩证唯物主义""历史唯物主义""实践唯物主义"等提法，都可以算作后人给马克思主义哲学起的别名。"辩证唯物主义"这一名称展现了新唯物主义在方法论上的核心特性，它将普遍的唯物主义基础与辩证法的精髓相结合，从而使得唯物主义从形而上学进化到辩证的层面。"历史唯物主义"这一名称则揭示了新唯物主义在研究范围上的根本特点，它将研究的视野从自然界扩展到人类社会，实现了从自然唯物主义到历史唯物主义的转变。"实践唯物主义"这一名称则体现了新唯物主义在理论出发点和哲学功能上的独特性，它以实践为出发点，不仅追求真实地揭示现实世界的本质，更强调通过实践来改造旧世界，创造新世界。可以说"新唯物主义"才是马克思主义哲学的本名，而"辩证唯物主义""历史唯物主义""实践唯物主义"三个别名在不同历史条件下，从不同角度揭示了马克思"新唯物主义"的新。张岱年早期使用的新唯物论一词，可以说是最符合马克思哲学本来面目的。张岱年一生信持新唯物论，20世纪30年代，他没有沿袭苏俄、日本讲马克思学说的态度，其哲学思想在新唯物论领域中，是具有批判性和分析性精神的代表，被认为是最值得关注且最具发展潜力的流派之一。

再来看"对理法"，"对理"是张岱年对西文Dialectic一词的翻译，而当时中国流行的对这一词的翻译是"辩证法"，张岱年认为这样翻译"不太合适，或改译为'对演法'，亦未谛，兹兼顾音义，译为'对理'"①。据此我们可以明确的是,"对理法"就是"辩证法",但张岱年所讲的"对理"与马克思主义的唯物辩证法是一回事吗?具体而言,"辩证法"不等于"唯物辩证法"。最先将Dialectic翻译为"辩证法"是采用日本的译法,1903年上海明权社出版了日本留学生汪荣宝、叶澜合编的词典《新尔雅》,这本词典很快也在东京印刷发行,其中关于"辩证法"的词条是:"罗马中世之普通教育谓之七自由艺术。文法、修辞学、辩证学三学也。算术、几何、音乐、天文谓之四道也。"②在古希腊,辩证法是指辩论的方法、交谈的艺术,中世纪的欧洲常将逻辑称为辩证法,经院哲学将辩证法变成了烦琐的论证和诡辩,黑格尔第一个明确在宇宙观的意义上使用辩证法,并确立了唯心主义的辩证法体系,到马克思、恩格斯那里辩证法才有了科学的形式,即唯物的辩证法。在中国,辩证法一直到1927年才开始风行于国内,介绍的书籍有李季译的《现代世界观》、柯柏年译的《辩证法的逻辑》、河上肇的《马克思主义经济基础理论》和郭湛波的《辩证法研究》。20世纪30年代《大公报·世界思潮》是宣传唯物辩证法的重要阵地,这一时期张岱年对于辩证法问题写过《先秦哲学中的辩证法》《秦以后哲学中的辩证法》《辩证法与生活》《辩证法的一贯》,这几篇文章均发表在《大公报·世界思潮》。张岱年认同新唯物论,认为新唯物论的特长即在于唯物的辩证法。在他的文章中,辩证法即指唯物辩证法。

可见,张岱年所讲的"对理"或"对理法"也就是唯物辩证法,它是新唯物论的题中应有之义。张岱年意识到"辩证法"和"唯物论"歧义很多,二词连用,辩证的唯物论已经超越了古典哲学的含义。张岱年认为新唯物论与旧唯物论的差异主要在于两个方面:第

---

① 张岱年:《张岱年全集》第一卷,河北人民出版社1996年版,第229页。
② 汪荣宝、叶澜编:《新尔雅》,转引自[美]田辰山《中国辩证法:从〈易经〉到马克思主义》,萧延中译,中国人民大学出版社2008年版,第68页。

一，旧唯物论的唯物强调以物质为本体；新唯物论舍弃了所谓本体的观念，强调"自然先于心知"，也就是说外界实在不依赖感觉而存在。第二，旧唯物论是机械的，它把生命还原为物，而没有见到生命与物的差异；新唯物论是辩证的，注重相反之统一，一体之矛盾。

第三节 "兼和""日新"与"创造"的实质

前文提到关于张岱年文化观的哲学基础问题，张岱年曾先后肯定过"兼和"说和以创造为核心的"兼和、日新、创造三位一体"说，那么"兼和""日新""创造"这几个概念之间有什么联系呢？这几个概念的实质究竟是什么？

我们先来分析一下"兼和"这一概念，"兼"与"和"都是中国传统哲学的概念。"兼"有两层意思：一是同时进行几件事或具有几样东西的意思。如"鱼，我所欲也；熊掌，亦我所欲也。二者不可得兼，舍鱼而取熊掌者也"（《孟子·告子上·鱼我所欲也》），这个意义上的"兼"与"独"相对。二是总全的意思，墨家讲"兼者圣王之道也，王公大人之所以安也，万民衣食之所以足也"（《墨子·兼爱下》），这里的兼是"兼相爱交相利"的意思，这个意义上的"兼"与"别"相对，"兼"就是不分人我，"别"就是分别人我。"和"即和谐，与乖违相对，乖违指对立物的相互冲突，和谐指"相异者或对立者之相成相济的结聚"①。事物的变化、宇宙的运行是"兼"与"和"作用的结果。乖违是旧事物破灭的原因，如果没有冲突，旧事物就不

---

① 张岱年：《张岱年全集》第三卷，河北人民出版社1996年版，第193页。

会毁灭，事物就会静止不变；和谐是新事物生成的原因，如果没有和谐，新事物就无法生成，一切都处于破碎状态。"兼和"这一词组最初见于古籍《管子》中，"出皮币，命行人修春秋之礼于天下诸侯，通天下，遇者兼和"（《管子·五行》）。但这里的"兼和"还没有哲学上的意义，是"谦和"的意思，应该说将"兼和"作为一个哲学概念是张岱年的首创。1942年张岱年在《事理论》中提出了"兼体"的概念，与"单体"相对。单体是指不包含其他物体的物体，而兼体是指内部包含其他物体的复合体，也就是由多个较小的物体组合而成的。在物体内部，可以嵌套不同层次的物体，这些都属于兼体。兼体可以是简单的，也可以是复杂的。兼体是一中有多的物体，即一与多的统一体。在1944年的《品德论》中，张岱年又提出："品值之大衡曰兼，曰和，曰通，曰全。合多为一谓之兼，既多且一谓之和，以一摄多谓之通，以一备多谓之全。兼和通全四者，其指实一，直所从言之异尔。"[①] 兼、和、通、全四个概念从不同角度论述了多样性与统一性的关系。在1948年的《天人简论》中，张岱年正式提出"兼和"范畴，其意为"兼赅众异而得其平衡"[②]，准确地表达了多样性统一的含义。随后张岱年又提出"以兼和易中庸的思想"[③]，他认为古代哲人常用（主要是儒家）的中庸在日常生活中有一定意义，但如果过分强调"中庸"容易导致停滞不前的弊病，而"兼和"则充分体现了新唯物论的辩证法，因此张岱年主张以兼和取代中庸。

"日新"一词源于中国传统哲学，意在强调事物的发展变化。张岱年认为，中国哲学中有一个根本的倾向，即承认"变"是宇宙的根本事实，《周易》是讲宇宙变化最详尽周密的著作。《周易·系辞传》说"富有之谓大业，日新之谓盛德，生生之谓易"，这句话的意思是

---

① 张岱年：《张岱年全集》第三卷，河北人民出版社1996年版，第203页。
② 张岱年：《张岱年全集》第三卷，河北人民出版社1996年版，第220页。
③ 张岱年：《张岱年全集》第三卷，河北人民出版社1996年版，第220页。

宇宙是一个生生不息的大流。日即太阳，盛就是"大"的意思，德就是"得"的意思。"日新之谓盛德"意思是太阳每天都是新的就叫作大得。《礼记·大学》记载"苟日新，日日新，又日新"，强调人要每天不断更新。明清之际的哲学家王夫之提出"天地之德不易，而天地之化日新"（《思问录·外篇》）的观点。王夫之认为天地万物时时刻刻都在变化更新，自然界的事物、人的身体外表看似没有多大变化，但内容已经变更了。

张岱年在《事理论》第三章"延续与变化"中，专门用了一节来讲创造。"新类与新级由未有而为有，谓之创造，亦曰创辟，亦曰开辟。"[①] 这里先要明白"类"和"级"两个概念，"类"是按照事物的性质区分事物，性质相同的事物归为一类。物与物不仅有"类"的差别，还有等级的差别。等级代表了基础的分类，存在根本差异的大类别被称为不同的等级。等级就是事物的大类，与"类"不同的是，等级有上下的差别，上级包含了下级具有的特性，但下级则不具备上级的特性。创造是从没有到有的过程，但并不意味着创造等于无中生有，它是指众多元素（张岱年用语）按不同的方式相结合。创造有两种类型，"一化为多"（又称别化或殊化）与"多合为一"（又叫兼化或统化）。

通过上面的分析我们可以看到，"兼和""日新""创造"三者都体现了唯物辩证法的基本原则，但正如张岱年所讲，三者只是角度不同。"兼和"主要继承了中国传统哲学的价值观，对事物发展和变化的规律"一兼一和"做了精辟的归纳；"日新"集中体现了中国传统辩证法的发展观，但它主要强调事物的变化，并没有说明事物发展变化的规律及动力等问题；"创造"这一现代名词主要强调事物发展变化的方式和结果。这三个名词中，"日新"来自中国传统哲学，是明显

[①] 张岱年：《张岱年全集》第三卷，河北人民出版社1996年版，第145页。

的继承;"创造"是一新词,可谓时代发展的体现;唯有"兼和"一词乃张岱年自己独创。从形式上看,"兼和"是典型的带有中国传统气息的名词,它是传统"贵和""日新"思想的发展;从实质内容上看,"兼和"体现了辩证法的对立统一规律,是对中西辩证法思想的延续,是用新唯物论改造、提升中国传统思想的典范。

小 结

总体上看,关于综合创新文化观的哲学基础,张岱年先后肯定过的"兼和""日新""创造"只是从不同角度对新唯物主义辩证法的论说。"兼和"是新唯物主义辩证法在方法论和价值论上的体现,"日新"和"创造"是辩证法基本规律的体现。因此,我们应该说张岱年文化观的哲学基础是新唯物论。

文化观都是以一定的世界观为基础的,在世界观层面,张岱年的文化观就是以新唯物主义唯物、辩证的世界观为基础的。张岱年承认外界的实在,认为事物的存在与变化不随我们的感觉而变。在张岱年那里"事"和"物"是两个概念,物由事构成,"事事相继,具有通贯之恒常而有始终者,是为一物"①。事物之内有理,即"理在事中",也就是说共相是外界本来就有的,不因为人们的认识而存在,但理并不独立于个别事物。

在方法论层面,张岱年文化观基于对文化发展辩证法的认识。文化是发展"日新"的,文化的发展遵循辩证法的原则和规律,即文

---

① 张岱年:《张岱年全集》第三卷,河北人民出版社1996年版,第129页。

的发展总是处于冲突与和谐的变动中。唯物辩证法也就是张岱年所说的"对理法",相比于自然现象,文化现象中的对理更显著,只有通过应用"对理法",我们才能真正洞察文化的实质,避免停留在表面或过于笼统地理解。通过"对理法",我们能够全面地考察文化的整体性与多样性,理解文化的变迁与稳定性,认识到文化的差异与共性。

在价值观层面,张岱年文化观的价值归宿是"和谐",抑或"兼和"。"和谐"是事物辩证运动中的一种稳定状态,也是事物得以生成和发展的关键。"兼和"具体讲就是包容众多的相异成分以达到平衡,这种平衡不是静态的平衡,而是动态的,是在"富有日新"的发展中达到的平衡。"兼和"作为宇宙发展原理和最高价值准则,体现了多样性的统一。

第四章　张岱年与新唯物论

本章试图澄清学术界的两个误解：一是对中国新唯物论哲学（中国马克思主义哲学）的误解；二是对张岱年哲学世界观实质的误解。

第一个误解有两个层面：一是在国际学术层面，对于中国新唯物论存在误解。国际上一些学者认为中国的马克思主义主要是移植日本等国的理论，这种观点以美国学者莫里斯·迈斯纳为代表。他认为中国马克思主义的起源，从李大钊到毛泽东，都照搬了外国的理论，是一种农民社会主义。这种误解也影响了国内学术圈，导致一些学者妄自菲薄，认不清中国马克思主义哲学的独特性。二是在国内学术界，对于"新唯物论"这个名词还存在一些误解。由于不理解新唯物论的实质，一些学者错误地把张岱年早期的哲学思想称为"新唯物论"，甚至认为此理论是张岱年所创。

第二个误解主要是对张岱年哲学世界观实质的误解。一些学者认为张岱年的哲学是将中国传统哲学"接着讲"，其本质上没有超越传统哲学。如张立文最早把张岱年先生定位为现代新儒学，他认为宋明时期的新儒学包括理学、心学和气学，一直延续至今。现代新儒家学者借鉴了西方哲学的诸多流派，如新实在论、黑格尔哲学、康德哲学、斯宾诺莎哲学以及怀特海哲学，对传统的"三学"进行了重新诠释。在此基础上，他们发展出了新的理学、心学和气学理论。冯友兰的"新理学"是接着宋明理学中的程朱理学讲，梁漱溟、熊十力、唐君毅、牟宗三等的新心学是接着陆王心学讲,张岱年等的新气学是接着张(载)王(夫之)的气学讲。在张立文看来,"新三学"在思维模式上接续了中国道德形上学本体论的传统,本质上没有超越"旧三学"。

  对于以上误解,笔者有必要一一澄清。首先,最明显的是关于新唯物论的误解。新唯物论并非张岱年所创,而是他从青年时代就服膺的哲学,这一哲学思想的创始人是马克思和恩格斯。其次,也是最关键的是对张岱年哲学世界观实质的误解,澄清这个问题便可回应第一个误解的第一个层面,即中国的马克思主义哲学到底是不是移植别国的,还是它在理论层面有自己独特的发展。我的导师王东先生认为,对马克思主义哲学中国化应区分政治和学术两个层面。他曾提出,从学术层面看,李达开创了系统化之道,艾思奇开创了大众化之道,张岱年开创了综合创新学理化之道,冯契开创了智慧化之道。我们看到学界对张岱年先生在马克思主义哲学中国化方面的探索研究太少,以致会产生第二个误解。本章将重点分析张岱年先生对新唯物论的继承与发展,以澄清这个误解。

第一节 张岱年对新唯物论的信仰

  1983年,74岁的张岱年实现了毕生的夙愿,加入了中国共产党。张岱年在回忆录中写道:"多年以来,在哲学上,我一贯信持辩证唯物论;在政治上,我一贯拥护社会主义,坚信只有社会主义才能救中国,没有共产党就没有新中国。参加中国共产党是我必然的归向。"[1]

---

[1] 张岱年:《通往爱智之门——张岱年自传》,北京大学出版社2011年版,第124页。

这句朴实的话语背后,饱含张岱年对马克思主义的真情实感,他也用自己毕生的努力阐释了对新唯物论的信仰。

一 清华大学讲授新唯物论之第一人

作为一名教师,张岱年努力宣传马克思新唯物论,坚持在大学课堂里为青年学生讲授新唯物论。20 世纪 20 年代,李大钊先生最早将马克思主义引入中国大学课堂,他从 1920 年起在北京大学正式开设唯物史观课程。20 世纪 30 年代,张岱年则最早将马克思主义哲学引入清华大学课堂。1933 年秋季学期,张岱年进入清华大学哲学系任助教,讲授哲学概论课程。张岱年接受长兄的意见,采用美国 D.S.Robinson 的 *An Introduction to Living Philosophy* 作为课本。该书是按照类型来讲的,张岱年在讲课时增加了西方古代及近代哲学的材料,并详细地讲述了辩证唯物论哲学。1934 年暑假张岱年因身体原因辞去清华教职,1936 年方返回清华任助教,讲授哲学概论和中国哲学问题两门课程。1937 年抗日战争全面爆发以后,清华大学南迁,张岱年留守北京闭门读书著述,到 1943 年秋他应邀进入私立中国大学讲课,其讲授哲学概论课程延续了之前的传统。据当年听过他课的学生吴小如回忆,这一时期张岱年在大学里主要讲授哲学概论课程,从柏拉图、亚里士多德讲起,一直讲到罗素、杜威,对马、恩、列的经典著作都做了深入浅出、扼要中肯的评述。尤其难得的是,张岱年先生敢于在班上公开讲授马克思恩格斯的哲学思想,并给学生详细介绍《反杜林论》和列宁的《唯物主义与经验批判主义》。

1949 年年初,张岱年在清华大学最先开授了辩证唯物论课程。中华人民共和国成立后,张岱年以高昂的热情投入新中国的马克思主义教育事业。20 世纪 50 年代初,张岱年每天不知疲倦地奔走于清华、人大、辅仁、师大之间。在清华大学哲学系,他负责讲授辩证唯物论研究和马列主义基础两门课程,同时也参与讲授辩证法和新民主主义等大型课程；在中国人民大学，他跟着外国专家学习马列主义基础及辩证唯物论；在辅仁大学，他讲授辩证唯物论和历史唯物论；在北京师范大学，他担任新哲学概论课程的主讲教师。随后在1952年秋季，随着全国范围内的高校院系调整，张岱年被调至北京大学哲学系，担任教授一职。1953年北京大学聘请外国专家讲马列主义基础，张岱年与黄楠森两位先生担任辅导，讲授马、恩、列、斯著作选读。之后，由于学科建设的需要，张岱年开始从事中国哲学史的研究工作，他的教学工作也转到中国哲学方面。

二 国统区的马克思主义哲学明灯

作为一名学者，张岱年先生积极捍卫新唯物论，坚持在学术阵地上阐发新唯物论。张岱年的儿媳刘黄回忆说，"文化大革命"中，张岱年被发配去整理资料，有幸看过一篇揭批材料提到，20世纪30年代身在延安的某著名理论家曾经这样评价："现在在国统区有两盏明灯，一盏是艾思奇，另一盏是宇同。"[①] 宇同就是张岱年先生。与艾思奇所走的马克思主义哲学大众化的道路不同，张岱年走了一条马克思主义哲学学理化的道路。二位先生发挥个人所长，在当时流行的刊物上发表了大量阐扬和宣传马克思主义哲学的论著，他们积极同各种反马克思主义和非马克思主义的言论做斗争，努力捍卫马克思主义理论。

20世纪30年代初到40年代初，一场旷日持久、曲折复杂的"唯物辩证法论战"在理论界展开。张岱年参与了这场论战，严肃批判了论战中一些学者对新唯物论的歪曲。作为这次论战的主要参与者，张岱年共有五篇文章被收入叶青汇编的《哲学论战》一书：《论外界的实在》《辩证唯物论的人生哲学》《辩证唯物论的认识论》《辩证法与生

---

① 陈来主编：《不息集——回忆张岱年先生》，北京大学出版社2005年版，第420页。

活》《相反与矛盾》,是该书中收录文章最多的作者之一。这些论著虽没有直接的论战对象,但阐述的问题涉及了论战中的一些主要问题。发表于1936年的《评叶青〈哲学问题〉及〈哲学到何处去〉》一文更是矛头直指叶青,针对叶青提出的"哲学消灭论"和"心物综合论"的"创新"见解,张岱年尖锐地指出,叶青"书中十之七八的观念,都是新唯物论所已有的;却也有十之二三,是叶君自己的见解。那十之七八叙述新唯物论已有思想的部分,虽然也有很多不充分、不中肯的地方,尚无大的谬误;而这十之二三他自己的'创新'的见解中,便充满种种的错误了"①。张岱年在文章中分析了叶青所犯的五个错误:并行论与同一论的谬误、唯心论的谬误、机械论的谬误、哲学消灭论的谬误以及哲学抹杀论的谬误。归结起来看,叶青的错误在于不懂得唯物辩证法的精髓,进而无法真正理解新唯物论的创新本质。叶青以马克思主义者的姿态参加唯物辩证法论战,当时,不仅一些学术界的学者将叶青看作新唯物论的领军人物,许多青年也将他视为真正的马克思主义信仰者,并对他报以极高的崇敬。但是他对新唯物论的歪曲却干扰了人们对马克思主义的理解,张岱年敏锐地看到了这一点,揭穿了叶青的假面具,捍卫了新唯物论的真理性。

20世纪80年代,改革开放初期,在解放思想大潮的冲击下,思想界沉渣泛起,全盘西化论思潮流行一时,并迅速扩展到社会心理层面,社会上出现了对唯物论的所谓"信仰危机"。针对这一情况,张岱年先后撰写了《坚持唯物论 发展唯物论》(载1988年《内蒙古社会科学》第2期)、《我为什么信持辩证唯物主义》(载1991年《高校理论战线》第6期)、《读列宁〈哲学笔记〉》(1991年)、《毛泽东开辟了中国历史的新时代》(1993年)等文章。其中,《坚持唯物论 发展唯物论》一文客观分析了所谓"信仰危机"产生的原因,并提出

---

① 张岱年:《张岱年全集》第一卷,河北人民出版社1996年版,第311页。

"只有发展唯物论,才能坚持唯物论"①的论断。《我为什么信持辩证唯物主义》一文,讲述了张岱年坚持辩证唯物论的心路历程,重申了"马克思主义的普遍真理与中国的优秀传统中的基本真理必将融为一体,共同构成社会主义中国新文化的理论基础"②的坚定信念。

在大学讲堂中宣传新唯物论、在理论战场上捍卫新唯物论,这是张岱年对新唯物论信仰的最直接体现,这两点都建立在对新唯物论认真学习和深入研究的基础上。张岱年认为新唯物论的新,是相对于其他哲学流派而言的。新唯物论有新的出发点,其基本出发点是知行合一、理论与实践相统一;另外一个出发点便是人群、社会。正因为以实践和现实的人为出发点,新唯物论成为"当代最伟大的哲学"。通过学习和研究,张岱年发现新唯物论虽然博大精深,但在20世纪30年代的中国却尚无完备的理论体系。新唯物论的内涵是深刻的,其表达方式却相对简略:"若干概念皆无明晰之界说。若干原则又未有精察之论证。而一般言新唯物论者,如析辩证法的内容为数条,则每每此条以方法言,彼条以规律言,混糅不判,实不为小过"③。也正是鉴于此,张岱年开始了马克思主义哲学中国化的学理化之路,20世纪30年代,他撰写了《关于新唯物论》《辩证唯物论的知识论》《辩证唯物论的人生哲学》等文章阐发新唯物论,这也是他对新唯物论进行系统化论述的初步尝试。20世纪40年代写成的《天人五论》则是张岱年进行马克思主义哲学中国化学理化尝试的重要成果。

---

① 张岱年:《张岱年全集》第六卷,河北人民出版社 1996 年版,第 358 页。
② 张岱年:《张岱年全集》第七卷,河北人民出版社 1996 年版,第 160 页。
③ 张岱年:《张岱年全集》第一卷,河北人民出版社 1996 年版,第 134 页。

第二节 对宇宙论与知识论的继承和发展
——紧抓实践观

20世纪上半叶，宇宙论和知识论最能体现新唯物论在当时现代哲学中的地位。张岱年敏锐地指出宇宙论与知识论是新唯物论的精旨所在。他指出，创立于19世纪中叶的新唯物论兼综了20世纪许多哲学学派的长处，如宇宙观上的发展大流说容纳了柏格森哲学的长处，一本多级说容纳了劳埃德·摩根（Conwy Lioyd Morgan）等的突创进化论的长处；知识论上的实践学说则容纳了实用主义的长处。在新唯物论的宇宙论和知识论上，张岱年主要进行了梳理和阐释的工作，即用中国化的学术语言阐述新唯物论的宇宙观和知识论。同时，张岱年在《中国哲学大纲》中系统梳理了中国哲学中的宇宙论和知识论，两方面的梳理为二者的沟通综合找到了更多的契合点。

一 "一本多级""变中有常"的宇宙论

20世纪流行的关于宇宙论的学说主要有：新实在论的散漫说，即认为宇宙是一堆散漫的事物；怀特海的宇宙有机体说，把宇宙等同于放大的有机体；机械论者则认为宇宙是一个大机械。张岱年指出，新唯物论理解的宇宙是一个整体的历程，为一发展的大流，宇宙中的一切事物都有联系。他把新唯物论的宇宙论归纳为"一本多级""变中有常"。

"一本多级"生动概括了新唯物论发展进化的宇宙观，"一本多级"即宇宙以物质为本体，生物、社会和心灵等都是在此基础上产生的级,各级遵循物的规律,又各有其自身规律。"物为一本,而生、社会、心等为数级,生、心、社会不违物之规律而又自有其规律。"①所谓"一本"是指物质为根本,是说宇宙的统一性在于其物质性;"多极"则强调各种类别的事物都按照各自的规律发展,都遵循物的规律。物与物之间有等级之别,等级有上下之别,下级较为简单,上级较为复杂,上级有下级的性质,下级则不具备上级的性质。生、心、物属于不同的等级,因此不能都还原为物,但生、心都以物为本,三者各有其特殊规律,又同时遵循物的规律。"一本多极"强调物、生、心既有区别又有联系。

"变中有常"强调宇宙发展的辩证性,宇宙中的一切事物都处在变动中,而变中有常。"变"与"常"是中国传统哲学中的一对概念,"变"指变化,"常"是变化中的不变。"在事事变化相续之流中有重复而屡现者,是谓常。"②在中国传统哲学中,"常"又叫"理",有形式、规律、所以、当然的意思,其中,前三个说的是宇宙论,后一个说的是人生论。"变中有常"的观点说明了宇宙、社会、人类发展的复杂性与规律性的统一,熊十力先生认为"变中有常"的观点是理解新唯物论的新观点,未曾有人讲过。

在 20 世纪 40 年代写成的《天人简论》中,张岱年又提出了"物统事理""物源心流""大化三极"等概念并加以论述,这些都是他对新唯物论宇宙观的扩充与发展。从以上分析我们可以看到,虽然张岱年借用了中国传统哲学的一些术语,但其宇宙观在本质上是新唯物论的,是一种唯物辩证的宇宙观,其本质上已经超越了中国古典朴素唯物主义的宇宙观。

---

① 张岱年:《张岱年全集》第一卷,河北人民出版社 1996 年版,第 130 页。
② 张岱年:《张岱年全集》第三卷,河北人民出版社 1996 年版,第 159 页。

二 以实践贯穿的知识论

张岱年认为新唯物论知识论的精旨有三点："第一，从社会与历史以考察知识；第二，经验与超验之矛盾之解决；第三，以实践为真理准衡。"[①] 鉴于国内当时没有太多关于新唯物论知识论的书籍，张岱年先生曾摘录当时流行的马克思、恩格斯、列宁等人的译本，按照自己的理解勾勒出新唯物论的知识论体系。

1933年发表的《辩证唯物论的知识论》展现了辩证唯物主义认识论的科学架构，旨在证明马克思主义的认识论不仅包含深刻的见解，还拥有一个严密的体系。这篇文章梳理了马克思主义哲学关于知识的性质（第一，知识是一个过程；第二，知识是社会的；第三，知识以实践为基础）、知识与外界（第四，人由实践而确证客观世界之独立存在；第五，客观世界是感觉及知识的根源；第六，主观与客观是统一的；第七，人由实践而确证客观世界之可知；第八，实在与现象之间并无绝对的界限，没有不可知的物自体）、知识过程的阶段（第九，知识是从无知发展来的；第十，感觉是知识过程的第一层次的要素；第十一，思维或概念的知识，是知识过程的第二层次的要素；第十二，概念范畴，都更深切地反映客观世界，是对于世界的条理规律的认识；第十三，在知识过程中，由概念思维而引起新的感觉经验，由新的感觉经验引起概念的改造；第十四，理论与历史的统一。关于事物的理论随着事物之历史的发展而发展）、真理（第十五，真理的标准是实践；第十六，真理之相对与绝对）五个问题，其中贯穿了马克思的实践观。以上括号中列出的是各个问题下讨论的具体问题，张岱年对这些问题的归纳虽说不上准确，具体论述也没有过多展开，但简单明了的归纳加上简明扼要的分析，再配以经典作家的论述，让新唯

---

① 张岱年：《张岱年全集》第一卷，河北人民出版社1996年版，第131页。

物论的知识论跃然纸上。

张岱年以实践为主线,抓住了新唯物论知识论的关键。在对实践的理解上,也体现出浓郁的中国特色。张岱年从中国传统知行关系中的"行"来理解实践,他指出,"吾不惟有知,更常有行,亦即实践"①,"实践者身有所动而于物有所易"②。他把日常实践区分为必需的和非必需的,吃饭穿衣、与他人谈话都被归入必需的实践。本书认为张岱年所讲的"与他人的谈话"可以与马克思主义哲学中的交往相类比,但吃饭穿衣之类的活动虽然必需,在马克思主义哲学中却不属于实践的范畴。虽然张岱年在此还没有全面理解马克思的劳动实践概念,但他通过对哲学史的分析和自己的思考,阐发了实践的相关问题,得出了"生活实践实为外界实在之证明"③的结论。

第三节　对唯物辩证法的继承和发展——"和谐"概念引入辩证法

张岱年指出,唯物的辩证法又叫"对理"法,是新唯物论在方法论上的特长。"辩证法"作为英文 Dialectic 的中文翻译,来自日本,该词源出于希腊文 dialektike techne,意思是进行交谈的艺术。20 世纪 30 年代学界对 Dialectic 这个词有多种译法,瞿秋白曾译成"互变法";张申府译成"对勘法"或"错综法";张东荪译成"对演法";张岱年一度将该词译为"反综法",后来他考虑音义,将该词译为

---

① 张岱年:《张岱年全集》第三卷,河北人民出版社 1996 年版,第 109 页。
② 张岱年:《张岱年全集》第一卷,河北人民出版社 1996 年版,第 431 页。
③ 张岱年:《张岱年全集》第三卷,河北人民出版社 1996 年版,第 110 页。

"对理"。张岱年认为辩证法的核心要义和精髓在于:"矛盾而一体(或内在矛盾),对立而统一,一切皆转变为与其相反,而皆不完全消灭;一切皆一总体中的矛盾部分,一切又皆各有其矛盾部分,而世界乃一矛盾的发展过程。"[1] 在 20 世纪 30 年代中国辩证法流行的热潮中,张岱年清醒地看到中国学术界所讲的辩证法的表达方式略显粗糙,需要进一步细化和精确化,于是他开始尝试对辩证法进行精确化。

张岱年对中国传统哲学中辩证法的探索,便是对辩证法精密化的尝试之一。他在接触辩证法之初,就注意到了中西辩证法的异同,提出对中西辩证法的异同应同等重视。同西方早期的辩证法一样,中国哲学中的辩证法主要是对自然和人事的观察。孔子讲的"辨惑",老子讲的"观复",庄子讲的"反衍",《易传》讲的"通变",荀子讲的"解蔽",都有辩证法的含义。如果把辩证法用中国固有的名词来转译,可称为"辨惑法""观复法""反衍法""通变法",或者"解蔽法"。[2] 但是中国传统哲学对辩证法没有系统论述,更没有形成完整的概念体系。1932 年张岱年在《大公报·世界思潮》发表了《先秦哲学中的辩证法》和《秦以后哲学中的辩证法》两篇文章,初步梳理了中国传统哲学中的辩证法思想,为中国辩证法史理出了一条依稀可辨的思想红线:老子《道德经》—孔子与《易传》—《墨经》—庄子—荀子—《吕氏春秋》—《淮南子》—董仲舒—杨雄—王弼—张载—王夫之。先秦时代中国关于辩证法已经有很详细的观察和理论,《易传》便是这一时期辩证法的集大成之作。秦以后,中国辩证法的集大成者当数张载,张载讲"有象斯有对,对必反其为。有反斯有仇,仇必和而解"(《正蒙·太和》),这一论述精辟概括了事物发展的辩证过程。张岱年认为张载所谓"和",已接近于西方辩证法"合"的概念。

---

[1] 张岱年:《张岱年全集》第一卷,河北人民出版社 1996 年版,第 60—61 页。
[2] 张岱年:《张岱年全集》第六卷,河北人民出版社 1996 年版,第 48—49 页。

这种理性的挖掘是对中国文化的一种自觉，它为中国传统哲学与新唯物论之间搭建了一座相互理解和沟通的桥梁。中国辩证法的传统，为新唯物论在中国的生根发展奠定了理论基础，提供了民族文化的充足养分。

此外，张岱年在辩证法研究上的贡献当数将"和谐"概念引入辩证法。在20世纪40年代成书的《天人五论》之"哲学思维论"第四章"辩证法之基本概念"中，张岱年分析了辩证法的12个概念：变化、历程、否定、对立、冲突、统一、同一、和谐、联系、内在矛盾、否定之否定、扬弃。与当时流行的辩证法教程不同的是，张岱年首次把"和谐"列入辩证法的基本概念，并对之做了简明而深刻的解释："对待不唯相冲突，更常有与冲突相对待之现象，是谓和谐。"[①] 和谐并不意味着完全相同，和谐的事物可以是不同的；和谐也不等同于统一，即使和谐的事物相互连接，形成了一个整体。和谐所指的是一种超越单一整体的更深层次的关系。和谐包括四个要素：首先，它们各自保持独特性，不完全相同；其次，它们不会相互消灭或否定；再次，它们相互支持并相互补充，共同维持存在；最后，它们之间维持着一种平衡。"对待"即对立的意思，是中国传统哲学的用语，包含相反和矛盾两种形式，张岱年认为"对待"是辩证法的中心观点。"和谐"不是没有矛盾，而是矛盾发展的一种均衡状态。在《天人五论之三·事理论》第七章"两一与反复"中，张岱年进一步深化了和谐的含义，提出"事物变化之流，一乖一和"的观点。"乖"也叫"乖违"，是指对立之相互冲突；"和"即"和谐"，指对立之聚合而得其平衡。"乖违"是旧事物毁灭的理由，"和谐"是新事物生成的原因，"乖违"与"和谐"共同构成宇宙的永恒发展变化。"凡物之毁灭，皆由于冲突；凡物之生成，皆由于相对的和谐。如无冲突则旧物不毁，

---

① 张岱年：《张岱年全集》第三卷，河北人民出版社1996年版，第35页。

而物物归于静止。如无和谐则新物不成，而一切归于破碎。"[1]

20世纪40年代末，张岱年先生在总结性的著作《天人五论》之五"天人简论"中提出了"兼和"的概念，这算是对其一直以来辩证法思考的一个总结，也是对"和谐"观的一次总结。张岱年认为宇宙的运动变化有"三极"，他称为"大化三极"：元极即最根本的物质存在，理极即最根本的原理，至极即最高的价值准则。张岱年将宇宙大化最高的价值准则归纳为"兼和"，意思是"兼赅众异而得其平衡"[2]。"兼和"所达到的平衡状态首先是包容差异的平衡，其次是动态发展"富有日新"的平衡，因为包容差异所以具有丰富性，因为动态发展"富有日新"所以充满活力。"兼和"这一概念可以说是张岱年从哲学层面对"和谐"观的提升。方克立曾把张岱年的"兼和"与毛泽东的《矛盾论》评价为20世纪三四十年代中国马克思主义辩证法的"双璧"，二者相互发明，相互补充，相互辉映。

第四节　对新唯物论人生哲学的继承和发展
——"动的天人合一"

对于在马克思的理论中是否存在人生哲学的问题，张岱年先生给予了肯定的回答。他认为马克思主义创始人虽然没有正式提出过完整的人生哲学体系，但他们的学说中却深刻地蕴含着崇高的人生哲学思想。辩证唯物论的人生哲学"是社会的，革命的，实践的；而根本上

---

[1] 张岱年：《张岱年全集》第三卷，河北人民出版社1996年版，第194页。
[2] 张岱年：《张岱年全集》第三卷，河北人民出版社1996年版，第220页。

是辩证的，唯物的"①。

在《辩证唯物论的人生哲学》一文中，张岱年尝试对新唯物论的人生哲学进行阐释，从这篇文章中，我们可以看到马克思《关于费尔巴哈的提纲》对张岱年的深刻影响。他后来在回忆录中写道，自己当时尚未读到《德意志意识形态》一书，因此文章很不完备。文章重点讨论了关于"人的本质""克服环境与改变人性""自由及理想""道德""改善生活与社会革命"等问题。张岱年通过对马克思的解读，注意到了马克思所讲的人，是一种现实的人，现实的人也即在自然中、在社会中从事劳动实践活动的人。首先，人是自然的人，人生活于自然中，通过制造劳动工具来适应自然；其次，人是社会的人，每个人都不能离开他生活的具体社会环境及历史过程，社会的人是社会关系的产物。人类改变自然、变革社会、改造自身的活动分不开。理想只有建立在了解现实规律、改造现实世界的基础上才不会变成空想，这一过程也是人不断追求自由的过程。革命的实践是新唯物论改变世界及改变人性的途径。总之，张岱年指出，新唯物论的人生哲学不同于庸俗唯物主义的专求物质享乐，也不同于唯心主义的只重理想，"它既注重理论，又注重实现理想之途径；它不仅注意物质情况，更思所以改变之、克服之；它不仅不忘现实，更要求对现实进行变革；它不仅不忘理想，更要求蓄积实现理想的物质力量"②。

张岱年没有止步于从当时有限的马克思主义著作中发掘辩证唯物论的人生哲学，而是扩展到中国传统哲学的宝库中去探寻。新唯物论对于人生论问题的研讨是不充分的，至少在张岱年当时所接触的新唯物论著作中是这样的。而这一领域，正是中国哲学的长处，人生哲学是中国传统哲学的中心部分，中国哲学中的人生哲学又往往与宇宙论

---

① 张岱年：《张岱年全集》第一卷，河北人民出版社1996年版，第209页。
② 张岱年：《张岱年全集》第一卷，河北人民出版社1996年版，第209页。

紧密联系。在《中国哲学大纲》中，张岱年系统梳理了中国传统哲学中的"人生论"，具体论述了天人关系论、人性论、人生理想论和人生问题论，为新唯物论中国化和中国哲学现代化作了重要理论铺垫。

在阐述新唯物论的人生论、挖掘中国传统哲学人生论的同时，张岱年提出了新的理论概括。他把"生之协和"作为生活的最高境界，提出生活理想的四个原则：理生合一、与群为一、义命合一、动的天人合一。理与生的问题，是人生哲学的最大问题。"理"指当然的准则或道德规律；"生"指生命和生活。生活的最高境界在于"与理为一，生之协和"。理生合一就是说生命与道德规律相合一，人类生活的完满必须并重生与理。一方面，"生"包含着矛盾与冲突，人与自然、人与人都在矛盾冲突中发展，"生之矛盾"的发展必然影响生活的圆满，人生就表现为对生之矛盾的克服，以达到"生之协和"。这个过程就表现为对"理"的遵循。另一方面，理是生的理，离开了现实的生活，便无所谓理。理生合一在现实生活中的体现之一便是与群为一，即个人与群体、社会、国家的融合无间。"人的本质不是单个人所固有的抽象物，在其现实性上，它是一切社会关系的总和。"[1] 个人不能离开群体而存在，离开了群体，个人生活就不能获得圆满，个人只有在好的社会中才能有好的生活。在此意义上讲，群己为一是个人生活的最高境界。要得到生活的圆满，还需要做到义命合一。义代表着理想中的应然，着重于人的主观努力和行为；命则代表着现实中的必然，强调的是自然条件和环境的制约。张岱年指出，人与环境的关系是矛盾统一的，人受环境制约，又能改造环境。义需顺应命，又要改变命。一方面要充分认识到自然对人的限制；另一方面要努力践行应当之事。马克思认为，"环境的改变和人的活动或自我改变的一

---

[1] 《马克思恩格斯选集》第一卷，人民出版社2012年版，第135页。

致，只能被看做是并合理地理解为革命的实践"①，张岱年把这种"革命的实践"称为"动的天人合一"。也就是通过实际行动解决自然与人之间的矛盾和冲突，实现人与自然的和谐共存，这是征服自然与享受自然之美的结合。

第五节　新唯物论的前途

20世纪30年代新唯物论（唯物辩证法）风靡中国，唯物辩证法的主要经典著作——《费尔巴哈论》《哲学的贫困》《反杜林论》《资本论》相继被翻译出版，一些国外的相关介绍和研究著作也被翻译出版②。经典著作和国外研究著作的翻译出版，为国内学界唯物辩证法的学习和研究提供了文本基础，这一时期中国学者的研究论著也日益增多。马克思主义的反对者张东荪曾用"满坑满谷""十分猖狂"形容当时唯物辩证法在中国哲学界的流行态势。一时间，辩证法成了年轻人追捧的时髦玩意儿。然而，时髦之下却是另一番令人担忧的景象：有些研究社会科学的人本身对辩证法一知半解，也敢公然举着辩证法的旗帜招摇撞骗。

张岱年先生冷静分析了当时学术界对待新唯物论的三种态度：第一种态度是顽固守旧，类似于宗教信仰，认为宗师所说的不容置疑，未提及的则不可随意发挥。第二种态度是盲目反对，不深入理解，不进行同情的分析，而草率地提出不恰当的反驳。第三种态度是修正，

---

① 《马克思恩格斯选集》第一卷，人民出版社2012年版，第134页。
② 其中有阿多拉茨基、普列汉诺夫、德波林等的著作，也有狄茨根、拉法格以及一些日本学者的著作。

认为宗师的观点有正确的也有错误的，需要适当调整。张岱年对以上态度都有所保留，他认为新唯物论本身是辩证的，这就要求用一种发展的眼光来看待新唯物论，而不是停滞不前。他提倡以批判性的精神和客观的立场来对新唯物主义进行深化和发展。"有批评的精神，有客观的态度，则必精细谨慎，广大宽容，常要作审慎的考察，精密的分析、虚心的体会。"①正是抱着这样一种态度，张岱年对新唯物论的前途做了尝试性的探索，并先后提出了"解析的唯物论"和"哲学的综合创新"两种路径。

一 解析的唯物论

陈卫平曾指出，20世纪三四十年代，中国存在着马克思主义的两种形态，一种是作为意识形态的马克思主义，其代表性成果是毛泽东的《实践论》与《矛盾论》；另一种是作为学术研究的马克思主义，其代表成果是张岱年的"解析唯物论"。

早在20世纪30年代，孙道升就把中国的新唯物论分成两派：一派沿袭日本等国，另一派尝试把解析法引入新唯物论。后一派被称为解析法的新唯物论，代表人物就有张申府、张岱年两兄弟。所谓解析的唯物主义就是逻辑解析法与辩证唯物论的综合，这是二张兄弟对中国新哲学的最初理论设想。且不论"综合"是否可行，他们对新唯物论的分析颇具批判精神，其从方法层面对新唯物论的补充和创新难能可贵。

张岱年虽然承认新唯物论为"现代最可注意之哲学"②，但也清醒地看到当时中国的新唯物论还只是雏形，需要不断完善，其完成尚待将来。在当时的新唯物论中，许多核心概念缺乏明确的定义，许多关

---

① 张岱年:《张岱年全集》第一卷，河北人民出版社1996年版，第150页。
② 张岱年:《张岱年全集》第一卷，河北人民出版社1996年版，第129页。

键术语也缺少清晰的阐释，唯物论几乎变成了一个含义模糊的术语，而辩证法则几乎被视为一个充满神秘色彩的词汇。在长兄张申府的影响下，张岱年提出新唯物论的完善必须从现代各种哲学流派中汲取精华，尤其是应该借鉴罗素一派的科学哲学。罗素一派哲学所用的方法是逻辑解析法，熟悉并掌握逻辑解析法是进行哲学研究的基本功夫，它与新唯物论的辩证法各有所长，二者是相辅相成的。"解析法之要义在辨意谓，析事实：汰除混淆，削减含忽，而以清楚确定为目的。"① 将解析法应用于新唯物论，就是为了厘清唯物论和辩证法的根本观念与根本命题，以显出其确切的意谓。这种对科学主义和马克思主义两大哲学思潮关系的独到思考，在某种意义上可以说是 70 年代分析的马克思主义的先声，它不同于日本等国的马克思主义，体现了中国学者在马克思主义哲学中国化道路上的独特探索轨迹。

二　哲学综合创新

自 1840 年之后，中国的未来走向一直是众多爱国者和有识之士深感忧虑的问题。作为一个理论工作者，张岱年把这个问题的本质归结为哲学的选择，即以何种哲学来支撑中国的发展。张岱年把中国的前途归结为新哲学的发展，把新哲学的发展归结为新唯物论的发展，这样中国的前途在理论上可以归结为新唯物论的前途。

在探索新唯物论前途的过程中，张岱年所做的工作首先就是对新唯物论进行客观分析，以批判的精神分析新唯物论，阐发其已有的理论，补充其未讨论的问题。1933 年，张岱年发表了《哲学的前途》一文，作为一个在哲学界崭露头角的青年，张岱年分析了当时世界上有影响力的各派哲学，他把当时世界上的哲学派别分为五个类型：社会主义的哲学思想、自然科学的哲学思想、唯心玄学的哲学思想、主观

---

① 张岱年：《张岱年全集》第一卷，河北人民出版社 1996 年版，第 269 页。

主义的哲学思想、布尔乔亚代言人的哲学思想，其中新唯物论是第一型的代表，新实在论是第二型和第四型的混合。维也纳学派代表第二型，也容纳了第四型，现象学是第二、三型的混合，实用主义是第二、四、五型的混合，新黑格尔主义是第三型的代表。对于将来哲学的前途和走向，张岱年提出了三个特点："唯物的或客观主义的""辩证的或反综的""批判的或解析的"，而新唯物论本身具备了以上三个特点。张岱年也注意到新唯物论的不足，在当时看来主要体现在理想和解析两方面，"对于理想之研讨，实不为充分，而其注重分析，不充分乃更甚"[1]。对于人生理想问题的研究探讨，在中国传统哲学和唯心主义中都有丰富的资源，张岱年重点从中国哲学中寻找资源；对于分析的方法，他主张吸收逻辑实证主义逻辑解析的方法，补充唯物辩证法。

20世纪30年代，张岱年在《论现在中国所需要的哲学》《哲学上一个可能的综合》等文章中，初步提出了自己的哲学体系构想。他认为唯物、理想、解析的综合，是新唯物论发展的必然选择，也是哲学的前途所在。唯物、理想与解析的综合包含两个方面的综合：一是在方法层面，唯物辩证法与形式逻辑的分析方法的综合；二是在内容层面，现代唯物论哲学与中国古代优秀传统哲学的综合。从以上两条路径，张岱年开创了一条不同于毛泽东以政治和实践层面的马克思主义哲学中国化为主的、综合创新的学理化道路，他的理论成果最先在《天人五论》中得到了展现。

---

[1] 张岱年：《张岱年全集》第一卷，河北人民出版社1996年版，第263页。

小 结

1932年米丁等人提出了"辩证唯物主义和历史唯物主义"的马克思主义哲学教科书体系，1938年《论辩证唯物主义和历史唯物主义》一书出版，使马克思主义哲学教科书体系进一步僵化。而这一时期中国则从两条路径上开创了马克思主义哲学的新境界：在政治层面，以毛泽东为主要代表的中国共产党人，把马克思主义基本原理与中国革命的具体实际相结合，创立了毛泽东思想；在理论层面，以张岱年为主要代表的学术研究者，从学理上对马克思主义哲学的基本概念和问题条分缕析，其成果主要体现在《天人五论》中，开创了马克思主义哲学中国化的综合创新之道。

中国学者在马克思主义哲学中国化的道路上并没有，也不可能一直借用国外的东西，国外的东西要么逐渐走向僵化，要么鲜有创新。通过上文的分析我们可以看到，在学术层面，张岱年主张以一种辩证的态度对待新唯物论，他主要从宇宙观、实践观、和谐观、人生观、哲学观五个层面对新唯物论进行了继承与发展，而这种继承和发展并没有脱离中国传统文化的土壤。在宇宙观上，张岱年提出了新的中国式的总结，用中国传统哲学的术语"一本多级""变中有常"来概括马克思主义宇宙观。在实践观中，他深入探讨了"实践"的含义以及中国传统哲学中的知行合一思想。在辩证法中，他首次引入了"和谐"的理念。在人生观上，他用中国传统文化丰富了马克思主义革命的人生观。在哲学观上，他探索了新唯物主义的未来发展。这些贡献在马克思主义哲学发展历程中独具匠心，它们充分展现了张岱年从学理上对马克思主义哲学发展所做出的独特贡献；同时也澄清了有关张岱年哲学世界观本质的误解，张岱年不是对中国传统哲学的"接着讲"，其哲学世界观的本质是辩证唯物主义的，是马克思主义哲学的新世界观。他把马克思主义哲学的方法引入对中国传统哲学的分析也并不是败笔，他从学理上对马克思主义哲学中国化所做的努力具有开创性，其理论成果也具有巨大的理论和实践意义，他为中国马克思主义哲学未来的学术发展路径提供了积极的借鉴。

第五章 "综合创新"的哲学意蕴

在"综合创新"这一提法中有"综合"二字,这很容易让人们联想到西方哲学史上的"分析与综合"。很多人只看这个名字就很容易误解,以为张岱年在对待文化问题的方法上,是沿着"综合"一条路向前走的,而对"分析"则不甚重视。实际上,张岱年所谓"综合创新"之"综合",与西方哲学史上"分析与综合"之"综合"可谓关系密切而又存在差异。

第一节 西方哲学史上的分析与综合

回顾西方哲学史,分析与综合经历了一个从分离到结合的过程,这也体现了人类认识发展的辩证过程。

分析与综合的分离源于中世纪唯名论与唯实论在共相与殊相问题上的争论。唯名论者(以洛色林为代表的极端唯名论者和以邓斯·司各托为代表的温和唯名论者)认为共相只是用来表示个别事物的名词或概念,共相即普遍性概念,并非脱离人的思维和具体事物而独立存在的,唯有个别事物才具有真实性。唯实论者(以安瑟轮、香浦为代表的极端实在论者和以托马斯·阿奎那为代表的温和实在论者）认为普遍性概念（共相）在具体事物（个别事物）之前存在，并且是独立于这些具体事物的客观"实在"，共相被视为个别事物的本质属性，而个别事物则是从共相衍生出来的。两方各自坚持自己的立场，对西方近代哲学中的经验主义和理性主义两大流派产生了深远的影响。

在经验论和唯理论那里，分析与综合跟归纳和演绎还明显区分开来。分析强调对认识对象的分解，把认识对象的各个部分、方面和要素分解开来研究；综合强调整体性的研究和把握。分析和综合不仅是互不相关的，二者甚至相对立、相排斥。经验论片面发展了中世纪的唯名论，经验论者认为感觉经验是知识的唯一源泉，他们只承认经验中的"个别"，而否认"一般"。因此，经验论把经验分析法夸大为唯一的科学方法。培根指出，综合法仅仅通过粗略观察实验和个别现象，便迅速得出普遍结论。与此不同，真正追寻和发现真理的道路应该是：首先从观察和实验中收集关于自然现象的详细数据；在收集了足够的数据之后，尝试形成一些初步的假设；通过归纳推理，从具体的观察中提炼出普遍的规律；通过进一步的实验和观察来验证这些假设。如果假设在多次验证中都成立，那么可以将其发展成理论。培根认为，通过这种方法，我们可以从具体的事实逐步上升到更普遍的原理，最终达到对自然规律的深刻理解。洛克在哲学上进一步否定了综合法，他主张，分析是心智对感性的整体概念进行数量上的分解，以获取代表个体对象的简单观念的能力；而综合则是心智将通过感官和反思获得的简单观念结合起来，形成复杂观念的过程。综合法本身并不能带来新的认识，分析法则能够将观念拆解为不变的基本要素，所有知识正是由这些要素以机械方式组合而成的。

唯理论发展了中世纪的唯实论，唯理论者强调一般、普遍的东西，否认感性知识的可靠性。他们在方法上片面强调综合，轻视分析。在笛卡儿看来，认识的根本方法是综合的，即从最简单、最容易认识的对象开始，一步一步逐步上升到对复杂对象的认识。斯宾诺莎指出，心灵应当遵循的基本途径就是以一个真观念作为规范，依照确定的次序去进行研究，因此他尤其重视由定义和公理推演出命题的演绎法。

康德在近代经验论和唯理论的基础上，对分析和综合的问题做出了巨大的发展。在康德那里，分析与综合有三层含义：第一，逻辑学的分析与综合。在一个判断中，分析与综合区分了主词和谓词的包含与非包含关系。当主词包含谓词时，判断是分析的；当谓词在主词之外时，判断是综合的。先天综合判断，既具有普遍性与必然性，又能扩充知识。第二，认识论的分析与综合。分析是知性的认识行动，分析过程是从对象到概念的形式，即一般性的过程；综合是感性直观中发生的行动，是将不同表象相互添加在一起，并将它们的杂多性在一个认识中把握的行动。第三，作为方法的分析与综合。分析法是从已知事实出发追溯其构成因素的过程；综合法是从先验的因素、条件出发，逐步建立已知的事实。康德努力将分析方法与综合方法相融合，然而他未能洞察到那种概念自我生成并不断向前推进的真正综合活动。

黑格尔从辩证法角度对分析与综合的相互关系做出了科学的阐释。黑格尔认为："哲学的方法既是分析的又是综合的，这倒并不是说对这两个有限认识方法的仅仅平列并用，或单纯交换使用，而是说哲学方法扬弃了并包含了这两个方法。因此在哲学方法的每一运动里所采取的态度，同时既是分析的又是综合的。"[①] 黑格尔的这一思想无疑是正确的，这也是近代以来分析与综合问题的思维高峰。然而，黑格尔的整个理论大厦建立在"绝对理念"的基础上，分析与综合的辩证运动只是"绝对理念"自我运动的过程。

---

① [德]黑格尔：《小逻辑》，贺麟译，商务印书馆2005年版，第424页。

马克思主义哲学继承了黑格尔的合理内核,去除了其理论中神秘的部分,对中世纪以来近代西方哲学关于共相与殊相、分析与综合的问题做出了科学的阐释。

在共相与殊相的关系问题上,马克思主义哲学打破了唯名论和唯实论在这一问题上的割裂和对立的观点。在辩证唯物主义看来,一般与个别、共相与殊相是辩证统一的。列宁曾对此做过经典论述:"对立面(个别跟一般相对立)是同一的:个别一定与一般相联系而存在。一般只能在个别中存在,只能通过个别而存在。任何个别(不论怎样)都是一般。任何一般都是个别的(一部分,或一方面,或本质)。任何一般只是大致地包括一切个别事物。任何个别都不能完全地包括在一般之中,如此等等。"[1]

在马克思主义哲学中,分析与综合的过程,就是矛盾的分析与综合的过程,就是对立统一规律在认识过程中的完整表现和运用,就是辩证的认识过程的横剖面。分析不是把一个整体机械地划分为若干部分,机械的分解就像"剥洋葱"(黑格尔用语),葱皮被一层层剥掉的同时洋葱也不复存在了。辩证分析是一个从具体事物出发,逐步抽象出其普遍本质的过程。而综合则是一个反向过程,即从抽象的普遍属性回归具体事物,将这些属性重新整合,形成一个完整的具体事物。尽管这个事物在形式上仍然是原来的具体事物,但通过这样的分析和综合,人们对其有了更全面和深入的理解。马克思说:"具体之所以具体,因为它是许多规定的综合,因而是多样性的统一。因此它在思维中表现为综合的过程,表现为结果。"[2]

---

[1] 《列宁选集》第二卷,人民出版社2012年版,第558页。
[2] 《马克思恩格斯选集》第二卷,人民出版社2012年版,第701页。

第二节　张岱年所理解的分析法

恩格斯在《反杜林论》中说:"思维既把相互联系的要素联合为一个统一体,同样也把意识的对象分解为它们的要素。没有分析就没有综合。"[1]"分析"是张岱年先生综合创新论隐含的理论前提,没有认真细致的"分析",就难以"综合"。张岱年曾指出,哲学上融会中西的尝试之一是"以分析为方法,以综合为内容"[2]。这里所说的以分析为方法,并不局限于哲学史上的分析法,而是贯穿了唯物辩证法,结合了体验、解析、会通的一个多元的方法体系。

一　体验

体验的方法在哲学中居于首位,体即身体,验即考察,体验就是通过身体的实际活动(张岱年称为实践)加以考察。

人类的知识基础来自日常生活的体验,这种体验包括直接的感官感知、内在的直觉感受以及实践活动的经验。在这三种经验中,实践经验尤其关键,它构成了知识的主要来源。张岱年所讲的实践是指对外物的所有活动。通过实践,主体和客体都发生了变化,主体可以通过实践认识客体的本质和规律。

在中国传统哲学中,体验强调的是一种精神感受,而张岱年所讲的"体验"剔除了中国哲学在这一问题上的神秘主义因素。"体验"的

---

[1]《马克思恩格斯选集》第三卷,人民出版社2012年版,第417页。
[2] 张岱年:《张岱年全集》第七卷,河北人民出版社1996年版,第402页。

方法可以说是唯物主义和中国传统哲学中重习行和践履思想的结合。它强调外界的实在性，强调身体的实际活动，强调主客体间的相互影响和作用，从这个意义上说"体验"接近于马克思主义哲学的"实践"概念。但"体验"与马克思主义哲学的"实践"也存在区别：张岱年的"体验"是一种重要的生活方法，马克思的"实践"是作为人的存在方式。"体验"包括对外物的所有活动，包括人类生活必需的活动和与人交往的活动等；"实践"主要指劳动实践，是人类区别于动物的标志，交往活动是不同于劳动实践的一种活动。

二 解析

逻辑解析在张岱年那里又叫解析或分析，"解析为于同见异，剖一为多"[①]，张岱年认为逻辑解析（Logical Analysis）是20世纪初以来最占优势、最有成效的方法。逻辑解析的对象是概念和命题，解析法的核心在于明晰概念与区分事实，消除模糊不清，简化复杂性，旨在达到明确和确切的目标。

解析可分为名言的解析和经验的解析两类。名言的解析可分为四种：第一，名的意谓的解析，其中包括名词歧义的辨别和名词意谓中要素的厘清。意谓的要素与歧义不同，歧义是说一个名词有多个实指；意谓的要素是说一个实指的名词的清晰解说中有不同的方面。第二，命题的解析，其中包括命题歧义的辨别和命题的剖析。因为名词有歧义，所以由名词组成的命题也有歧义，一个命题可以指不同的事实；命题的剖析就是把复杂命题分解为简单命题。第三，问题的解析，包括问题歧义的辨别和问题的剖析。问题歧义的辨别就是辨明论点，确定争端的核心和范围；问题的剖析意味着将问题拆解为更小、更易处理的部分，将复杂的问题简化为更基础、更易于理解的问题。第四，

[①] 张岱年：《张岱年全集》第三卷，河北人民出版社1996年版，第68页。

论证的解析，也就是厘清论证中根据与结论之间的关系。对于基于经验事实的理论，重要的是检验其依赖的基本经验命题，并明确其推理的逻辑结构。而对于那些与经验事实无关的讨论，则应探究其基础假设，并评估其推理过程的有效性。经验分析涉及对经验现象的深入剖析，这一过程可以分解为三个主要步骤：首先，识别经验现象中包含的各种要素和组成部分；其次，确定这些要素或组成部分之间的关系；最后，比较不同现象，通过对照来揭示每个现象的特征。

张岱年在肯定解析派的同时，也指出了他们的不足。他认为，在解析派的哲学中，维也纳学派的哲学较为极端，因为维也纳学派所谓哲学不谈事实，他们"以为哲学工作只在于解析科学之名言，以为乃不能有哲学命辞"[1]。罗素和穆尔的逻辑分析方法是他比较赞同的，但他认为，新实在论以经验事实为解析法的依据也是不足的，除了经验以外应当更重视实践，而实践正是唯物论的基础。

三 会通

会通是与解析相对的方法，即"于异观同，合众为一"[2]。会通的方法可分为两种，一是兼综或融会，也就是一般的综合法；二是通观或"以道观之"。

一般的综合法分为三种。第一，方面的综合，即某一现象诸方面或宇宙全体诸方面的综合。第二，观点的综合，所谓观点就是观察者所居的位置，"一千个观众就有一千个哈姆雷特"，对任何事物都有众多不同的观点。不同的观点虽有区别，但也相互补充，这要求我们综合融会贯通各种观点，并分别给予适当的位置。第三，学说系统的综合。因为观点不同，所以有不同的学说和系统。不同的学说系统各有

---

[1] 张岱年：《张岱年全集》第一卷，河北人民出版社1996年版，第270页。
[2] 张岱年：《张岱年全集》第三卷，河北人民出版社1996年版，第68页。

所长，也各有所短，"兼综之术，在于裁长补短，兼取异说之真理而摒弃其妄见"①。一个系统内有若干的"支系统"，辨别支系统中的真妄，然后将其中近真的融为一个圆满的大系统。

"通观"法又叫"缩观法"，在时间上，缩百年而为一瞬即永恒观；在空间上，缩大地而为一粟即广大观。永恒观就是在永恒的观点下观察事物，事物有始终，任何事物都是宇宙变化大流中的一瞬间；广大观是在统全的观点下观察事物，事物有界限，任何事物都是宇宙无穷扩展的一端。也就是说，事物存在于一定的时间和空间中，处于一定时空中的一切事物既相互联系又不断发展。"通观"要求我们对于事物的发展看长远、看全局。从长远看，任何事物阶段性的发展都是"一瞬"；从全局看，任何事物相对于全局都是"一粟"。

四　唯物辩证法

辩证法有唯心辩证法和唯物辩证法之分。黑格尔是唯心辩证法的集大成者；唯物辩证法，即科学的辩证法，由马克思和恩格斯奠定基础并发展完备。张岱年认为在基本思想方法中，演绎（形式逻辑的方法，即命题形式的转换）是最基本的方法，归纳（由特例推定其通则的方法）是第二级的方法，辩证法是第三级的方法。归纳法包含演绎，辩证法包含归纳。演绎法是一种基于已知前提推导出结论的逻辑方法，归纳法则是通过观察重复出现的现象来发现普遍规律的方法，而辩证法则专注于探究那些独特且难以复制的演变过程中的内在发展逻辑。这三种方法各有其适用的场合，它们之间并不相互排斥。其中，辩证法是普遍适用的学术方法，它适用于自然科学和社会科学。

辩证法有两个基本要求：解析与综合的结合；理论与实践的一

---

① 张岱年：《张岱年全集》第三卷，河北人民出版社1996年版，第68页。

致。其中，就有张岱年所讲的体验、解析、会通的痕迹。所谓解析与综合的结合，就是说在研究过程中，先要对研究对象加以解析，厘清其诸要素；然后考察诸要素之间的联系并进行综合，以达到对全历程的理解。其中包含三个层次：要素的解析，厘清整体的各要素；要素的联结，即综合的过程；认识和把握整体的本性，以理解诸要素的根据。解析与综合在应用时，只是一个历程的两端。这里解析与综合的结合，已经接近于马克思主义哲学中"分析与综合"的结合。理论与实践的一致也包含三个层次：察行，考察生活实践的实际是否与理论相适应；勘示，考察言论是否与其本身显示的内容相合；试行，用行动试验理论，考察其结果是否与预期相符合。

  从上面的分析我们可以看到，在张岱年那里，"综合创新"是以"分析"为前提和基础的，这种"分析"不同于西方哲学史上的分析法，而是一个多元的方法体系。它以体验、解析、会通为主干，以唯物辩证法贯穿其中。在此唯物辩证法并非一种独立的哲学方法，而是贯穿于一切思维方法中的普遍方法，体验、解析、会通则体现了唯物辩证法的基本要求。"体验"的方法是唯物辩证法中实践原则的体现；"解析"法是对逻辑实证主义逻辑解析法的扩充与发展，体现了辩证法中的分析法；"会通"则是辩证法中综合法的体现，它还体现了辩证法联系和发展的原则。

第三节　文化综合创新何以可能

  20世纪90年代，在《中国文化与文化论争》一书中，张岱年曾明确指出，文化综合创新之所以可能，根据有二：一是文化系统的可解析性和可重构性；二是文化要素间的可离性和可相容性。这两个概括可谓言简意赅，也体现了张岱年对"文化"本身的认识，但初看起来难免让人难以理解。实际上，对文化的这两点认识源于张岱年的文化基本理论，因此我们有必要完整了解其文化基本理论，包括他对文化的内涵、文化的系统、文化的变迁、文化的类型和文化的发展规律的认识。

一 何谓文化

谈论文化问题，绕不开的一个前提就是对文化的理解，而文化又是一个多义的概念，张岱年对文化的理解受到辩证唯物主义的深刻影响。张岱年认为，文化有广义和狭义之分，最广义的文化指人类所创造的一切，最狭义的文化专指文学艺术。"一般意义的文化指与经济、政治有区别的意识形态及其物质化的成果，包括哲学、宗教、科学、技术、文学、艺术。"[1]

从整体性、广义的角度理解文化，文化即人化，是人类社会特有的现象，是人与动物界的根本区别，它是人类改造自然和自身成果的总和，在这个意义上也可称为文明。"文化或文明，是人类努力创造的结果之总和……文化是通过集体劳动而改造自然并改变人们自身的总成果。文化是人类为了满足欲望而进行斗争的结果。"[2] 人类之所以高于动物，是因为能创造文化。广义的文化包括产业、经济、社会制度以及学术思想的全面领域。这一定义将文化视为一个多维度的复合体，它不仅涵盖了哲学、宗教、科学和艺术等知识与信仰体系，也包括了社会心理、风俗习惯等社会实践与行为模式。这种广义的文化理解强调了文化在社会结构和人类活动中的深远影响，以及其在塑造个

---

[1] 张岱年：《张岱年全集》第六卷，河北人民出版社1996年版，第337页。
[2] 张岱年：《张岱年全集》第一卷，河北人民出版社1996年版，第152页。

体与集体身份中的关键作用。其中,哲学、宗教是最高指导思想;文学、艺术、科学、技术等居于第二个层次;社会心理(包括风俗习惯)居于第三层次。

狭义的文化,"专指学术思想及教育而言",其具体内容包括思想、学术、艺术、制度、礼俗等。这个意义上的文化至少包含两个不同层次的内容:一是高层文化,即学术思想,包含哲学、宗教、科学技术、文学艺术等。二是底层文化,即社会心理,包含大多数人的通俗观念、愿望以及潜意识等。

张岱年把学术思想各学派学说中包含的观念、观点、命题、内容等,以及社会心理的观点内容中包含的愿望、习惯、趋向等称为文化元素,文化就是由这些文化元素构成的复杂体系。

二 张岱年文化理论的三部分

张岱年的文化理论主要有三部分:文化系统论(文化结构)、文化变迁论、文化类型论。文化系统论主要讨论文化诸要素及其关系;文化变迁论主要讨论文化变迁的动力问题;文化类型论讨论各民族文化类型的异同。

文化是由各种要素构成的复杂系统,构成文化系统的各要素间相互联系。张岱年认为,构成文化系统的要素有五类:正德、利用、厚生、致知、立制。正德就是扩充人贵于禽兽的部分,主要是人类道德和思想的领域;利用就是宰制物质,使各尽其用;厚生即充实生命力;致知就是穷究事物之理;立制就是人作为社会存在必须依据不同时代特征建立不同的社会制度。这五类要素构成的文化系统又分为三个层次:下层生产事业,是改造外在自然的活动,包括利用和厚生,属于物质生产和人自身生产的范围;中层群体制度,也就是立制;上层道德学术思想艺术,也就是正德和致知,类似于精神生产。张岱年用了一个形象的比喻来形容文化系统各层次的关系,"下层譬如木之根，中层譬如木之干，上层则木之花与果也"①。

文化总是处在不断发展变迁中，张岱年认为文化变迁的原动力是"产业形式之交易""生产事业之发达"，也就是生产方式的变革，它体现了马克思主义哲学中生产力和生产关系的统一。文化创新是文化变迁的一种特殊方式，它是人类自觉地改造文化系统的活动。在文化创新中最重要的动力是生产力中最活跃的因素——人。"所有健全的国民，康强聪敏，有魄力有胆量，无奴性无惰性，肯下功夫，肯开动脑筋，有坚定信仰的人，就是创造新文化的原动力。"②

各民族创造的文化不尽相同，张岱年把各民族文化相区别的特点称为民族文化的一贯精神。根据一贯精神和基本倾向的不同，人类文化可以分为三种类型：中华型、印度希伯来型、希腊型。中华型文化以天人和谐、制约与调节生的欲望为基本倾向，是一种内外合一的文化；印度希伯来型文化以人神合一而消除生的欲望为基本倾向，是一种内向的文化；希腊型以战胜自然满足生命欲望为基本倾向，是一种外向的文化。张岱年对人类文化三种类型的划分让我们联想起梁漱溟先生的"文化三路向说"，梁先生以"意欲"为根本区分了人类文化的三种类型：意欲向前型，以希腊罗马文化为代表；意欲调和型，以中国文化为代表；意欲向后型，以印度文化为代表。二位先生在文化类型划分上的区别主要在于，张岱年依据的"一贯精神和基本倾向"有具体所指，即人与自然的关系；梁先生依据的"意欲"则是一个较为抽象的东西。

三 文化发展的辩证法

"文化发展有一条客观规律：现在的文化一定要建立在过去文化

---

① 张岱年：《张岱年全集》第一卷，河北人民出版社1996年版，第341页。
② 刘鄂培主编：《综合创新——张岱年先生学记》，清华大学出版社2002年版，第319页。

成就之上，一定要吸取过去文化的成就。"[1]研究文化问题应特别强调辩证法的重要性。张岱年指出，要正确理解文化发展的规律，必须运用唯物主义辩证法，对文化进行辩证的分析。

（一）文化发展是变革性与连续性的统一

任何事物都处在不断变化中，文化现象亦如此，文化的发展是变革性与连续性的统一。文化发展有量变的积累和质变的飞跃两种基本形态。量变的积累是文化发展在常规时期的一般状态，表现为知识的逐渐积累、科学发展领域的逐步扩大、人类认识的不断深化、文化艺术的逐步发展。质变的飞跃是文化发展在关键时期的特殊变革，表现为整个文化形态的变革，整个文化的物质基础与核心观念、思维方式和价值观的深刻转变。文化发展中量的积累表现为文化发展的连续性，质的飞跃则体现了文化发展的变革性，只有在量变的长期积累和酝酿的基础上才能发生质变的飞跃与变革。新旧文化之间的交替并非完全断裂，新的思想观念本身孕育于旧学说中，它的根基在旧时代，实际上，一部分已经存在的具有生命力的文化要素已经发扬昌盛起来。

（二）文化发展是时代性与民族性的统一

生产力和生产关系发展水平的不同决定了文化具有时代性，自然环境和地域的不同造成了文化的民族性。时代性与民族性问题说到底是一般与特殊、共相与殊相的关系问题。从历时性角度审视，文化随着时间的推移而演变，展现出不同历史时期的特有属性，这是文化的共相方面。相对地，从共时性角度观察，文化在特定时代展现出民族的独特性，这是文化的殊相方面。在相同历史时期，不同民族的文化虽共享某些普遍的时代特征，但同时也各自保持着独特的民族特色，这构成了文化的一般性与特殊性的辩证关系。具体而言，同一时代背

---

[1] 张岱年:《张岱年全集》第六卷，河北人民出版社1996年版，第193页。

景下，不同民族的文化在保持时代共性的同时，亦展现出各自独有的文化形态和特征，反映了文化的多样性和丰富性。此外，即便是在同一时代和同一民族内部，文化亦呈现出既反映集体心理的共性，也包含独特的文化表现形式，这进一步强调了文化在普遍性与特殊性之间的复杂互动。这种分析不仅揭示了文化在不同层面的多维性，而且为理解文化现象提供了更为深入的视角。

（三）文化发展是独创性与交融性的统一

文化的独创性，是在文化起源和关键时期，在哲学思想、价值观、思维方式上的特殊性和创造性发展；文化的交融性是指各种文化在发展过程中的相互交流与促进。任何文化的产生与发展都是独创性与交融性统一的结果。从历史上看，文化起源的早期阶段和关键时期呈现出独立性和创造性的特点，随着生产力的发展，各文化间的交流越来越频繁（历史上的文化交流主要采取商业和战争的形式），文化交流促进了各种文化间的交融。发扬独创性是文化保持独立的关键，重视交融性是文化保持活力的关键。

（四）文化发展是整体性与可分性的统一

文化的整体性，即每一个民族的文化都有一定的体系，其中包含许多层次、方面和要素，各层次、方面、要素间相互补充、相互作用，共同构成了完整的文化体系。文化的可分性，即在任何文化体系中不同的层次、方面和要素是可以分析、辨识的。在文化系统的具体条目中，有些可以离开系统而存在，有些则不能。文化的整体性是文化系统保持相对稳定的机制，文化的可分性则为文化系统的变化发展提供了契机。

总之，在张岱年那里，文化不是铁板一块的东西，它是一个多层次、多要素的复杂系统。文化的各层次与各组成要素之间既相互联系又具有独立性。文化发展遵循辩证法的规律，因而对文化问题亦应进行辩证分析。概括起来就是要处理好古今关系（过去与现在的延续关系）、内外关系（本国文化与外邦文化的交流关系）以及内部"两种文化"的关系。"古今关系"主要就文化的变革性与连续性而言，要处理好继承与创新的关系。"内外关系"主要就文化的时代性与民族性而言，要在促进文化交融的同时保持文化的独立性，创新应该是在批判继承上有所前进，要超越传统必须先了解传统。在对待内部两种文化关系上，要区别对待民族文化中的积极方面和消极方面，对作为民族文化内在生命力的积极方面加以发扬。

第四节 综合创新文化观与调和折中论的区别

在 20 世纪的中国文化讨论中，除了极端的复古守旧和极端的全盘西化论以外，许多论者的主张都具有调和折中的色彩或被称为调和折中论。例如，李大钊曾有过东西调和的文化主张，自由主义西化派的胡适被更为激进的吴景超、陈序经归为折中派。张岱年的综合创新论也曾被人批评为调和折中论，在 20 世纪 30 年代中国本位文化讨论中，沈昌晔把张岱年的文化主张说成是"想在半因袭半抄袭的总和里来一下创造的综合"[1]，是中庸思想。顾乃忠指出，文化综合创新论的核心在于融合中西方文化，汲取两者的优势并摒弃其不足，以创造出一种全新的文化形态。这一理念旨在用这种新兴文化取代中国的传统文化遗产，与文化融合论的观点不谋而合，尽管两者在表述上有所差异。

学术界对于调和折中论并无一个明晰的定位，本书所讨论的调和折中论主要指文化保守主义者的文化主张，其代表人物是梁启超、杜

---

[1] 张岱年：《张岱年全集》第一卷，河北人民出版社 1996 年版，第 244 页。

亚泉、章士钊等人，他们对待新旧文化、中西文化均采取调和折中的态度。从形式上看，张岱年先生的综合创新文化观在表述方式上与调和折中论颇为相近，但二者有着本质的区别。

一 "调和折中"对"辩证法"

调和折中论者把社会发展的关键归为思想冲突的调和，梁启超认为一个社会要想进步，必须与其他社会接触，新文明的产生是固有文明吸收其他文明并相互调和的结果。杜亚泉认为："夫社会虽如何进步，思想之冲突，终不能免。有冲突而后有调和，进步之机括，实在于此。"[①] 章士钊认为调和是社会进化的精义，他以斯宾塞社会进化的观点来论证调和的必然性与合理性，在他看来调和就等于进化。然而调和折中论的"调和"具体所指不甚明朗，梁启超曾借用化学术语把这一过程称为"化合"，他强调要拿西洋的文明来扩充我们的文明，又拿我们的文明去补助西洋的文明，二者"化合"起来成一种新的文明。这一表述试图说明中西文化相互平等的地位，两方调和，达到你中有我、我中有你的程度。

与调和折中论的"调和"不同，辩证法讲统一与和谐。在张岱年看来，"统一"（合一）与"和谐"是辩证法的两个不同范畴："统一"指"对待之不能相离"，一方面相互依赖，另一方面相互转化；"和谐"则包括相异、不相毁灭、相成相济、相互均衡四个方面。"辩证的合"与"中庸"也不同，"中庸"是执两用中，"辩证的合"是克服"两"以得到新的"一"。

表面上，调和折中论既承认冲突，又强调调和，这与辩证法强调矛盾与和谐似乎有异曲同工之妙。而实际上，"调和折中"的调和意在强调思想冲突的调和，它不顾客观情况，主观地把无法相容的东西

[①] 许纪霖、田建业编：《杜亚泉文存》，上海教育出版社2003年版，第357页。

杂糅到一起,辩证法达到的和谐则是在顺应事物发展规律基础上的矛盾统一。辩证法在恰当的场合和客观上可调和的矛盾中,认可事物的双面性,并使对立面相互成为中介,这体现了客观上对对立面统一性的灵活运用;而折中主义则在所有情况下都接受事物的双面性,却忽视了对立面的差异,这是主观上对对立面统一性的运用。前者代表了矛盾论中对矛盾的结合或调和,后者则是一种矛盾的调和论。

二 "东西调和"对"创造的综合"

在新文化运动以后,大多数人都意识到保持中国旧有文化已不可能,要适应世界潮流就要学习和接受西方文化,但学习和接受的程度则不尽相同。在中国新文化的创造道路上,调和折中论主张东西调和,创造第三种文明。

调和折中论者意识到,东西文明属于不同的类型。杜亚泉把西方文化称为"动的文明",把中国文化称为"静的文明",他指出,"西洋文明与吾国固有之文明,乃性质之异,而非程度之差"[1]。在他看来,东西两种文明在经济和道德方面都存在明显弊端:经济上,"东洋社会,为全体的贫血症;西洋社会,则局处的充血症也";道德上,"东洋社会,为精神薄弱,为麻痹状态;西洋社会为精神错乱,为狂躁状态"[2]。他因此得出的结论是,东西文明应该取长补短、相互调和。在吸收学习西洋文明,融入中国文明的过程中,他又主张以中国固有之文明为绳索来贯穿西洋片段的文明。这"中国固有之文明"一出,又回到了中体西用论的老调子。而当时主张调和折中的文化保守主义者们,都过于强调传统文化的优越性。面对新文化运动中呼唤德先生、赛先生的时代洪流,折中调和论无疑成了复古守旧的帮凶。鲁迅对折

---

[1] 许纪霖、田建业编:《杜亚泉文存》,上海教育出版社2003年版,第338页。
[2] 许纪霖、田建业编:《杜亚泉文存》,上海教育出版社2003年版,第347—348页。

中调和论曾有一段精彩的批评："他们的称号虽然新了，我们的意见却照旧。因为'西哲'的本领虽然要学，'子曰诗云'也要昌明。换几句话，便是学了外国本领，保存中国旧习。本领要新，思想要旧。要新本领旧思想的新人物，驼了旧本领旧思想的旧人物，请他发挥多年经验的老本领。一言以蔽之：前几年谓之'中学为体，西学为用'，这几年谓之'因时制宜，折衷至当'。其实世界上诀没有这样如意的事。"①

事实上，东西方文化不仅性质不同，程度也不同，用张岱年的话来讲就是既存在民族性的差异，又存在时代性的不同。此外东西方文化的不同又不是根本的不同，只是偏重不同。对于任何处在发展变动中的文化而言，故步自封都是不可能的，文化间的交流融合是文化发展的规律。综合创新论正是在认识到文化发展规律的基础上发挥主体能动性对其进行创造的综合。对于"东西调和"产生的新文明，调和折中论亦无清晰的认识，这种非中非西而又亦中亦西的"新文明"只能退回中国固有文明中。而综合创新论在20世纪30年代就从哲学高度明确提出，社会主义是世界文明和中国文化的未来出路，此后，张岱年更是从文化问题深入哲学问题，从哲学的综合创新论证文化的综合创新。

三 "新旧调和"对"批判继承"

在新文化运动中，论者往往以西洋文化代表新，以中国固有文化代表旧，进而把东西问题转化成新旧问题。事实上，东西与新旧并非完全的对应关系，前者侧重于共时性的两种文化，后者侧重于文化的历时性。东西问题主要针对文化的民族性而言，新旧问题则针对文化的时代性而言。

---

① 鲁迅:《鲁迅全集》第 1 卷，人民文学出版社 1981 年版，第 336 页。

第五章 "综合创新"的哲学意蕴

在新与旧的界定上，杜亚泉认为新旧思想的界定是一个动态的历史变化过程，就当时而言，"新思想"应该是主张创造未来文明者，"旧思想"是主张维持现代文明者。就中国而言，"新思想"是主张更新中国传统文明，并将其贡献给世界；"旧思想"是主张摒弃中国传统文明，以西洋文明取而代之。

调和折中论者中，章士钊对新旧关系的分析颇具思辨色彩。章士钊认为学说思想无所谓新，主要看适用与否。在他看来，"新旧"不等于"是非"，更不能转化成"东西"，西方思想也有新旧之分，不能一概视为"新"。他认为时代的变化是有历史的，历史的变动世世相承，连绵不断，新与旧之间不可能存在截然的分界，因此"新旧杂糅"是世间万物的普遍状态，而新旧调和便是保持这种"新旧杂糅"的自然状态。在新与旧的关系中，章士钊不反对"迎新"，但更强调"保旧"的重要性，因为"旧"是事物存在的根基，事物要前进就要自立根基，不善于保存"旧"的根基就不能迎"新"，就无法进化。

在文化的新旧问题上，张岱年认为新文化必定是建立在对旧文化批判继承的基础之上。与调和折中论的"新旧杂糅"说不同，综合创新论强调在对旧文化扬弃基础上的创新，它是对旧事物加以"拔夺"而生成新事物。这个新生成的事物不仅保持了旧事物中好的东西，而且还将之发展提高。张岱年认为事物的变化有进步和非进步之分，进步的变化包括三种方式：出新、更代、积累。所谓出新即在发展历程中有前所未有的性相出现；所谓更代，是指一部分新性相出现后代替了旧的性相；积累指旧性相的一部分与新性相并存而相容，使历程的内涵日益丰富。文明的发生既有因袭的成分，更依赖创新的发展。然而创新并不是维持"新旧杂糅"的自然状态，而是在认识和把握新旧发展辩证历程的基础上，充分发挥人的主观能动性，积极促成新事物的生成。

从总体上看，在文化碰撞与选择中，调和折中论看到东西方文化各有优劣，但他们更固守东方文化的长处，他们意识到新旧文化之间不可截然割裂，但他们无法正确认识事物发展的辩证法，把"新旧杂糅"的现实视为历史的当然。

通过上面的分析，我们可以把张岱年的综合创新文化观与调和折中论的主要差别总结为：在根本诉求上，综合创新文化观的根本诉求是创造一种符合时代性、具有民族性的新文化；调和折中论虽然一再强调调和东西、新旧以产生新文化，但其根本诉求是固守中国旧有的文化。调和折中论本质上是一种温和的复古，它比全盘西化论和儒学复兴论更容易迷惑人。在基本原则上，综合创新文化观始终坚持的一个根本原则是马克思主义在文化中的指导地位。调和折中论则看似没有原则，亦中亦西而又非中非西，实则是华夏文化中心主义作祟的结果。在方法论上，调和折中论与中体西用论犯了同样的错误，"企图将不可离的东西分离开来，又企图将不相容的东西勉强地拼凑在一起"[①]。比如认为可以将资本主义的经济制度与其价值观念、道德准则分离开来；认为可以把以近代科学技术武装起来的生产力和中国自给自足的经济框架拼凑在一起。这就使他们所谓的"综合""融会"实际上成为主观随意的调和折中。

小　结

通过本章的分析我们可以看到，"综合创新"不是一个笼统而简单的提法，它有着深刻的哲学底蕴和内涵。张岱年在 20 世纪 90 年代

[①] 张岱年、程宜山：《中国文化与文化论争》，中国人民大学出版社 1990 年版，第 349 页。

曾指出"综合创新"也就是辩证的综合创造,即抛弃中西对立、体用二元的僵化思维模式,排除盲目的华夏中心论与欧洲中心论的干扰,在马克思主义普遍真理的指导下和社会主义原则的基础上,以开放的胸襟、兼容的态度,对古今中外文化系统的组成要素和结构形式进行科学的分析和审慎的筛选,根据中国社会主义现代化建设的实际需要,发扬文化主体性,经过辩证的综合,创造出一种既有民族特色又充分体现时代精神的高度发达的社会主义文化。在张岱年理论中,"综合"与"创造"是一个过程的两个方面,二者只是侧重点不同,前者强调"兼综"的价值,后者强调"批判"的态度,"综合"的过程就是批判、改造的过程,也就是创新的过程。

在张岱年看来,"综合"就意味着"创造的综合"。创造的综合是对旧有事物进行重新塑造,从而产生新事物的过程。这一过程既否定了旧事物的不足之处,又保留了其有价值的成分,并且不仅限于维持这些优点,还会进一步发展和提升它们;此外,还会引入创新元素,以全新的面貌呈现。创造性的综合不是简单的合并,而是在对旧事物进行否定之后形成的全新整体。"凡创造的综合,都必对于所综合的东西加以进一步的发展而综合之,同时并有所创造以为主导的要素,绝不是各取其半的调和。"[①] 一方面,"综合"不同于西方哲学史上"综合"的方法,它更多的是一种价值倾向。在对待文化问题的态度上,"综合"不同于"非此即彼"的极端对立,也不同于"亦此亦彼"的折中调和。"综合"不是全部抛弃或全部接受,也不是各取其半的平庸调和。"综合"意味着"拔夺"或"扬弃",张岱年认为德文的 Aufheben 译为"拔夺"比较恰当,"拔"有攫取、荡除的意思,"夺"是裁定去取的意思,这也就是辩证法所讲的"辩证否定"。另一方面,"综合"包括西方哲学史上的综合法,它是对马克思主义哲学中分析

---

① 张岱年:《张岱年全集》第一卷,河北人民出版社1996年版,第257页。

与综合结合的具体化运用。

"创新"则有两层含义：一是旨在说明对待一切学说的批判的精神；二是强调"综合"的目的和归宿。"创新"强调"批判的精神"，从这一意义上讲，它与"综合"的价值取向一致。张岱年认为英国哲学家博若德（C.D.Broad）对于哲学的分类颇有见地，即认为哲学分为批评哲学和玄想哲学。批评哲学主要从事各种哲学问题的研究，玄想哲学从事系统的构建。一方面，批评哲学是哲学的前奏，而玄想哲学是哲学的中心；另一方面，如果批评哲学尚未奏功，任何对哲学系统的构建都是徒劳的。"创新"强调"综合创新"的目的和归宿。所谓新，与旧相对。张岱年指出，"新"有四个含义：一是事之新，"凡有起有过者谓之事"[①]，从实有的角度分析，一切皆事。"事之新"主要强调在时间顺序上，现在发生的事为"新"，过去发生的事为"旧"，不强调前后的差异。二是物之新，"事事相续而有一性通贯于其中而无间断，则成为物"[②]。简单讲，物就是物体、物质。物有成有毁，物之新是刚刚开始的物相对于已有之物而言，不论其性质的差异。三是类之新，具有相同性质的物称为一类，类之新也可以叫性之新，如植物界的变种，就是出现了新的类。四是等级之新，有基本区别的大类称为等级，前所未有的等级的产生即为等级之新。总体看，事之新和物之新属于个别之新，类之新与等级之新属于类型之新。个别之新时时刻刻出现，而类型之新并非时时刻刻出现。新类型和新等级从无到有就叫创造，一切新类和新级的创造，都是众元素的结合。哲学和文化的"综合创新"，其目的和归宿就是生成新的哲学类型和文化类型，它们属于后两种"新"。

总之，综合创新文化观虽名为"综合"，但并未囿于"综合"一

---

① 张岱年:《张岱年全集》第三卷,河北人民出版社1996年版,第118页。
② 张岱年:《张岱年全集》第三卷,河北人民出版社1996年版,第120页。

条道路。在"综合创新"这一理论概括中,"综合"主要强调的是兼赅众异的价值取向,"创新"强调的是对现存的一切进行批判的态度。"综合"与"创新"是一个过程的两个方面,"综合的过程也即是批判、改造的过程,也就是创建新的文化体系的过程"①。"综合创新"的理论前提是以"批判的精神"和"兼综"的价值取向对事物进行"分析",这种"分析"的方法是多元的,包括体验、解析和会通,三者体现和贯穿了唯物辩证法的基本原则,"综合创新"的最终目的和归宿则是新哲学和新文化类型的生成。

---

① 张岱年:《张岱年全集》第七卷,河北人民出版社1996年版,第63页。

第六章　综合创新文化观的基本理论问题

综合创新的文化观涉及三个基本的理论议题：首先是关于中国文化未来的发展方向这一根本性问题；其次是关于如何实现文化的综合，即不同文化元素的融合与整合的问题；最后是关于如何推动文化创新，即在现有文化基础上进行创造性发展的问题。20世纪以来，关于中国文化向何处去的问题，一直存在着三种理论选择：一是全盘西化论，二是儒学复归论；三是综合创新文化观。21世纪资本主义发展模式引发了一系列的全球战争冲突、环境冲突、生态冲突、文化冲突，2008年世界性的金融危机对全球经济带来的负面影响至今还未完全消散，疫情之后国际经济政治形势更是变幻莫测，这些无不有力地暴露了西方自由主义、资本主义发展路向的弊端。儒学复兴论也只能是情感上的宣泄，无法提出解决当今世界问题的制度规划。唯有综合创新论为我们打开了新的思路，提供了新的可能。

第一节　中国文化向何处去

中国文化向何处去的问题，是整个20世纪中国学者思考的主题。新文化运动以后，围绕这个问题，先后出现过三次大的文化论争。20世纪30年代关于中国本位文化问题的讨论、20世纪80年代的"文化热"和20世纪90年代的"国学热"，张岱年先生在三次讨论中都高举马克思主义大旗，倡导文化综合创新论。在三次文化大讨论中，张岱年先生的综合创新文化观在"中国文化向何处去"的问题上也越来越系统化、明晰化。

一　20世纪30年代在"中国本位文化"讨论中提出"创造的综合"

20世纪30年代关于中国文化问题的讨论，延续了"五四"以来东西方文化论争的议题。1935年在由十教授引发的"中国本位文化建设"讨论中，"本位文化"派和全盘西化派的针锋相对成了论战的主线，而此时保守复古的东方文化派已基本失去了市场。

"一十宣言"（《中国本位的文化建设宣言》，发表于1935年1月10日）在中国文化的走向问题上主张"必须把过去的一切，加以检讨，存其所当存，去其所当去"，"吸收欧、美的文化是必要而且应该的，但须吸收其所当吸收……吸收的标准，当决定于现代中国的需要"。[①] 这些话看似很有道理，实则没有实质内容，引起了各界的争议，更是全盘西化派攻击的重点。全盘西化派的代表人物陈序经认为

---

① 王新命等：《中国本位的文化建设宣言》，转引自宋小庆、梁丽萍《关于中国本位文化问题的讨论》，百花洲文艺出版社2004年版，第21—22页。

"一十宣言"的实质仍然是复古倒退的,胡适也指责"宣言"未脱离"中体西用"的窠臼。在中国文化向何处去的问题上,陈序经主张文化是一个整体,不可分割,只能整体抛弃和照搬,要现代化就要"全盘西化"。而胡适的主张更多地出于中国文化具有惰性的考虑,他认为全盘西化经由中国文化的惰性便会造成折中调和的结果,达到"中国本位文化"的目的。

张岱年认为"中国本位的文化"是在中国文化向何处去的问题上,除了复古和纯欧化外的一种新主张。这种主张与张岱年早在1933年《世界文化与中国文化》一文中提出的主张大体相同。即兼综东西两方之长,发扬中国固有的卓越的文化遗产,同时采纳西洋的有价值的精良的贡献,融合为一,而创成一种新的文化,但不要平庸地调和,而要做一种创造的综合。"一十宣言"发表后,张岱年抱着对本位文化派的同情和对中国文化向何处去这一问题的忧思,写作了《关于中国本位的文化建设》一文,文章肯定了"中国本位的文化"这一提法的意义;但同时指出"一十宣言"过于笼统,并对宣言做了进一步分析。张岱年清醒地认识到,中国文化是世界的一单元,必然不能违背世界文化发展的大趋势。他认为,当时世界文化虽是资本主义文化占主导,但正在末期,况且资本主义列强不容许中国加入其行列。世界文化的趋势是社会主义文化,而鉴于中国当时落后的世界殖民地身份,又不能马上达到社会主义文化阶段。因此必须进入新的文化阶段,中国目前应该全力以赴地推进工业化和科学化,努力达到西方国家的发展水平,同时避免深陷资本主义的泥潭,并且始终准备着向社会主义文化转型。

二 20世纪80年代反对自由主义全盘西化论,提倡文化综合创新论

20世纪80年代,在中国文化向何处去的问题上,激进反传统、

自由主义全盘西化的主张风靡一时。这一时期的自由主义全盘西化论，主要表现为三种类型：一是毫无掩饰的自由主义全盘西化论，人数较少而影响不小；二是带有激进主义色彩、民族文化虚无主义色彩的全盘西化论，其中又有种种不同表现形式，"彻底的反传统论""彻底重建传统论"、靠外来因素根本改变的"稳态系统论"等；三是带有折中色彩的西体中用论等。

第一种类型的全盘西化论，言论"惊世骇俗""轰动一时"。他们中有人宣称欣赏"全盘西化"的观点，荒谬地指出中国文化的出路就是整个西方化、资本主义化，更有甚者明目张胆地抛出"全盘西化＝人化＝现代化"的激烈言论。第二种类型比第一种类型多了一些理论色彩，表现出激进主义、民族虚无主义的反传统论，其典型代表是金观涛的超稳定系统论。金观涛把中国传统文化的发展模式归结为崩溃修复型（又叫超稳定系统），他提倡用科学理性对中国文化进行解构，以消除传统文化中的"泛道德主义"，全面引进西方文化，以打破中国文化的超稳定系统。金观涛不认为自己是反传统派，他更喜欢别人称自己为文化重建派。而他所谓的重建就是铲除中国传统文化这块肥沃土地上的"杂草"和"树木"，重新播种上西方的"玫瑰"与"坚果"。第三种类型的典型代表是李泽厚，他对西体中用论的发挥，实际上是一种具有折中色彩的全盘西化论。李泽厚认为中国文化的未来道路"应是社会存在的本体（生产方式、上层建筑和日常现实生活）和本体意识（科技思想、意识形态）的现代化（它源自西方，如马克思主义）和中国的实际（包括儒学作为中国文化心理的客观存在这个实际）相结合"[1]。这种表达似乎还比较含混，在后来的文章中，李泽厚的全盘西化主张渐渐暴露。他强调"'现代化'并不等于'西方化'；但现代化又确乎是西方先开始，并由西方传播到东方到中国来

---

[1] 李泽厚：《走我自己的路》，生活·读书·新知三联书店1986年版，第225页。

的……在这个最根本的方面——发展现代大工业生产方面，现代化也就是西方化"①。

在张岱年看来，20世纪80年代的全盘西化论还是30年代胡适之流的老调重弹；而高唱"西体中用"论的李泽厚在理论上存在诸多混乱和前后矛盾的地方，其在文化问题上的思路依然是中西对立、体用二元的僵化模式。针对全盘西化论，张岱年指出，改革开放的"全方位引进"不同于"全盘西化"，"全方位引进"，是在发扬民族主体性精神的前提下进行的；而"全盘西化"的结果只会"水漫金山"，危及中国的独立与统一。张岱年认为，在社会主义新中国，文化的目标和方向问题已经解决，"现在的任务是建设有中国特色的社会主义物质文明和精神文明"②。针对20世纪80年代"文化热"中现代化等于西方化的流行思潮，张岱年先生旗帜鲜明地批判了自由主义的全盘西化论，无情批驳了折中调和的西体中用论。他明确指出中国文化要走自己的道路，建设有中国特色社会主义的新型文明。

三 20世纪90年代反对保守主义儒学复兴论

20世纪90年代，借助之前的"文化热"大讨论，保守主义的儒学复兴论悄然兴起，在中国掀起新一轮的"文化热"（也叫"国学热"）。保守主义传统复兴论在20世纪90年代集中表现为现代新儒学思潮的空前活跃，这一思潮过分强调中华文明现代复兴与民族传统文化尤其是儒家文化的关系。在"中国文化向何处去"的问题上，他们的思路是"中国文化复兴＝儒学复兴"。20世纪90年代的新儒学思潮有七个突出的特点：第一，明确打出新儒家旗号；第二，亮出文化保守主义的意识形态企图；第三，明确打出"儒家资本主义"的纲

---

① 李泽厚：《漫说"西体中用"》，《孔子研究》1987年第1期。
② 张岱年：《张岱年全集》第六卷，河北人民出版社1996年版，第251页。

领性口号;第四,反对激进主义、呼唤文化保守主义的鲜明口号;第五,借助"中国文化复兴＝儒学复兴"的公式,掀起了系统的文化保守主义浪潮;第六,大众文化中封建迷信沉渣泛起;第七,通过"儒家资本主义"实现了儒学复兴论与全盘西化论的两极合流。[①]

20世纪90年代,张岱年对"中国文化向何处去"的问题做出了更富于理论性、系统性的新探索和新论证。在改革开放的新阶段以及社会主义市场经济的背景下,他深刻地指出了中国文化在与外来文化和世界文化交融时面临的三种可能态势、选择和命运:一是保守主义的坚持传统,这将导致文化发展的停滞;二是自由主义的全盘接受西方文化,这同样会走向绝路;三是将文化的主体性和开放性相结合,通过综合创新来推动文化的发展,这是中华文明持续繁荣的唯一途径。

第二节 怎样综合——如何正确对待中、西、马三种文化资源

在"怎样综合"的问题上,张岱年认为,文化的综合有其历史过程。在条件不成熟的时候,最好的策略是让不同来源的文化要素同时存在、自由竞争。并存和竞争导致的结果有三种:优胜劣汰、兼综交融、既相互交流又长期保持相对独立性。但在目标明确、条件成熟的时候,就应该积极主动进行创造的综合,在保持文化独立性的同时做到相互交流、相互吸收。

具体看,在怎样综合的问题上,20世纪30年代,张岱年提出

[①] 王东:《五四精神新论》,中国青年出版社2009年版,第209—220页。

"创造的综合"。所谓创造的综合与平庸的调和不同，也不是半因袭半抄袭而成的混合。要做到创造的综合就必须将辩证法运用于文化问题，对中国古典文化、西方近代文化、社会主义新型文化做出辩证的分析。20世纪80年代，张岱年从哲学高度总结了新文化运动及20世纪30年代文化论争以来半个多世纪的历史经验，第一次明确提出以"三个正确认识"作为思想总纲，来综合三大文化的源头活水：正确认识中国传统的母体文化——分清作为支流的劣根性与作为主流的良根性；正确认识西方近现代的外来文化——分清是否符合中国社会主义现代化的需要；正确认识社会主义的主体文化——分清马克思主义思想主流与教条主义的思想支流。[1] 20世纪90年代，张岱年特别强调邓小平建设有中国特色社会主义理论的指导作用，特别突出中国传统文化主流中的良根性与活的东西，特别突出世界新形势下中西方文化的汇通综合趋势。

一　理解传统，超越传统

早在20世纪30年代，张岱年就从世界历史的角度出发分析了中国文化。他指出，作为世界上伟大的、独立发达的民族文化之一，"中国有为全世界、全人类保持并提供优秀文化的义务，有改造其旧文化使与世界文化相适应的责任"[2]。对中国传统文化的研究与分析是张岱年一生研究工作的重中之重，他以中国传统文化的内核——中国传统哲学为核心，分析了中国传统文化的重要成就和严重缺陷，探讨了中国文化的基本精神等重要问题。

（一）中国传统文化是什么

在中国传统文化是什么的问题上，张岱年做出了中国传统文化基

---

[1] 刘鄂培主编：《综合创新——张岱年先生学记》，清华大学出版社2002年版，第148页。
[2] 张岱年：《张岱年全集》第一卷，河北人民出版社1996年版，第155页。

本上是封建主义文化的判断。在此基础上，他否定了以一家一派的思想（儒学主流观点）描述中国传统文化的片面观点，他以中国传统哲学作为传统文化的内核，以中国传统哲学范畴为基础，全面分析了中国文化中各家各派的思想。

通过分析，张岱年指出，作为世界文化四大传统之一的中国传统文化具有三大特点：悠久性、独立性、坚韧性。中国文化和中华文明历史悠久，其源头可以追溯到上古时代，他指出炎黄二帝是中国上古时代最伟大的文明创造者，是中国古代文明的象征。"中国文化是一个包含多方面、多层次内容的体系，其中哲学思想居于主导地位。"[①]孔子通过对上古时代文化发展情况的积极总结，为后世提供了正面的启示；而老子则从反面对同一时期的文化发展提出了深刻的批评。这两位思想家的观点相辅相成，共同奠定了中国哲学思想的基础。在漫长的发展过程中，中国文化以其坚韧的个性曲折发展，成为世界历史长河中从未中断的文明。在中国文化的历史沿革中有五件重要的文化事件："春秋战国时期的百家争鸣""秦始皇焚书坑儒与汉武帝独尊儒术""佛教输入""理学兴起""近代西学东渐与新文化运动"。

回顾历史可以看到，在15世纪以前，中国文化一直居于世界的前列，与西方文化和印度文化交相辉映。在中国的历史的发展过程中，哪个时代思想比较自由，其文化就比较发达。历史上，中国文化在吸纳外来文化元素的同时，始终坚守自身的独立性，这种平衡的融合策略确保了其在漫长历史进程中的持续繁荣与发展。19世纪以后，西方发展突飞猛进，相比之下，中国落后了，这种落后既是经济上、制度上的落后，更是文化上的落后。

（二）中国传统文化的得失利弊

张岱年认为，认识中国传统文化的缺失并不难，而理解其精义

[①] 张岱年：《张岱年全集》第六卷，河北人民出版社1996年版，第141页。

深韵却非易事。他以"是否符合客观实际""是否能促进社会的发展"为标准,分析了中国传统文化的得失利弊。

张岱年既不赞同儒学否定论,也不赞同儒学复兴论,他力图在不同层次上把握中国传统文化的精髓,他曾先后提出"六大奥义论—五大精神论—五大睿智论—两大特色论—两大精神论"[①]。这些归纳分别见于《张岱年全集》第七卷中的《儒学奥义论》《中国文化的光辉前途》《文化发展的辩证法》《爱国主义与民族精神》等文章。六大奥义论指天人合一、仁智合一、知行合一、义命合一、以和为贵、志不可夺、刚健自强。五大精华论即唯物主义哲学、辩证法思想、人本主义思想、大同理想和爱国主义传统。五大睿智论指:对于天人关系的深切理解,对于群己关系的正确认识,"民之秉彝"的人道观,以和为贵的价值观,自强不息、厚德载物的文化精神。"两大特色"论意为:在人与自然的关系问题上重视人与自然的统一,在人与人的关系问题上重视人与人的和谐。两大精神论指:以"刚健自强""以和为贵"思想为核心的中国文化基本精神,也可称为中华精神。张岱年提出,中国文化的卓越传统之精髓在于其关于人生意义、价值和理想的基本理念,这些理念可以概括为以人为本的核心观点。中国古代传统思想中含有的奋发向上、坚强不屈的精神是文化发展的思想基础。《周易大传》中的"刚健""自强不息"的观念就是中国传统文化中积极进取精神的集中表现,也是传统文化中所蕴含的奋发前进的内在动力,是中华民族文化更新的内在契机。

在分析传统文化优点的同时,张岱年指出,中国传统文化有两大缺陷:一是没有发明近代实验科学,二是没有完整的民主理论。两大缺陷产生的原因在于中国传统文化的弊端。这些弊端具体表现为:价值观方面忽视个性自由的人级观念;思维方式方面混沌笼统,缺乏对

[①] 王东主编:《时代精神与马克思主义哲学创新》,人民出版社2011年版,第360页。

事物的分析研究，重直觉而轻知解，崇尚共通性、忽视差异性的致思习惯；学术研究方面不重视实际探求的学术方向，重继承而轻创新，近效取向；社会心理层面尊尊亲亲的传统陋习，家族本位，等级观念，重理想而轻效用，重协同而轻竞争。

张岱年指出，一个民族的文化本质上是全人类的，民族文化中的优秀元素将被世界化。中国传统文化虽有许多衰弱之病，但仍保持着潜在的活力，终能转弱为强。对传统文化得失利弊的理性分析，就是为了认清传统文化，达到文化上的自觉，传统文化中优秀的元素必将成为综合的主要内容，而传统文化的弊病则须尽力克服，这种克服的方法之一便是综合其他文化的长处。

二　不可执着于西方文化现在形式之外迹

在如何正确认识西方文化的问题上，张岱年主张对西方近现代哲学、近现代文化进行辩证分析，他认为尤其要分清近代工业化的文明成果与资本主义的没落文化。早在20世纪30年代，张岱年就认识到所谓的西方文化并不是纯然一个，它又分为资本主义文化和社会主义文化两种类型。资本主义文化处在没落之中，而社会主义文化尚未完全成熟。西方近现代文化主要是资本主义文化，包含了多种要素或成分，也可以视为多个独立的单元。其中一些要素之间存在必然联系，需要一并采纳；而另一些要素之间则没有这种必然联系，可以根据需要选择性地采纳或舍弃。对于西方文化中精华与糟粕并存的现象，张岱年用"拔夺"一词，表达辩证否定与超越扬弃之意。

（一）近现代西方文化的精髓

近代以来，中国人对西方的学习，先后经历了从器物，到制度，再到文化的求索历程。新文化运动以后，中国学人开始强调学习西方文化中的民主与科学。张岱年先生在继承五四精神的基础上把这个问题提到了更高的层面，他指出，我们应当深入学习西方，不仅要掌握其表面形式，更要理解其内在精神和根本理念。西方值得我们学习的，是他们分析问题的思维方式和批判性思考的态度；而他们那种创新的精神，尤其值得我们效仿。

张岱年指出，西方文化的核心是西方哲学，如果没有哲学，没有统一的思想体系，我们即便学会了西方的科学工艺，也无法建立一个独立的文化。20世纪三四十年代，他指出，在西方哲学中，中国最缺乏的是九种思想：第一，亚里士多德集上古科学之大成，阐明演绎法的基本原理；第二，哥白尼破除地球中心论；第三，伽利略建立的实验方法；第四，培根阐明知识即力量，奠定归纳法基础；第五，笛卡儿的怀疑精神；第六，卢梭的民主精神；第七，黑格尔系统的辩证法；第八，达尔文进化论；第九，马克思唯物史观，科学社会主义。而在西方哲学中，张岱年最肯定的是新唯物论和逻辑解析的方法。他认为，逻辑解析法可以弥补中国哲学中分析不足的缺点，而新唯物论则可以弥补中国哲学中批判和创新精神不足的缺点。由于各方面的因素，张岱年对20世纪40年代以后的西方思想没有进行深入研究，他晚年感到甚为遗憾。

（二）正确认识中西方文化的差异

张岱年认识到，生产力的发展是文化发展的基础，各民族文化不同的原因主要是生产力发展程度的不同，生产力发展程度相同的民族文化大致相似，但仍有差异，这种差异则是地域不同造成的。中西方文化的差异主要是生产力发展水平不同造成的，但中西文化的差异是相对的，而非绝对的。中西方文化的不同不能笼统讲，要注意阶段性、民族性。中国传统文化基本上是封建主义的文化，西方近现代文化基本上是资本主义的文化，二者都既有精华也有糟粕，都应进行一分为二的分析。

关于中西方文化的比较问题，张岱年晚年针对20世纪以来各种讲法的片面性、不正确性，给予了批判：第一，针对"中国文化主静，西方文化主动"的观点，张岱年指出，中国历史上主静的思想主要是道家和宋朝的周敦颐，而《易经》中就有主动的思想，清初的王夫之、颜元都秉持主动的思想，应该说是既有主动的，也有主静的，在动静问题上，中国文化中占主导地位的思想应该是"动静合一"。第二，针对"中国文化内向，西方文化外向"说，张岱年认为中国文化对自然科学也有一定研究，观察天文地理不能说是内向的。第三，针对"中国文化是精神文明，西方文化是物质文明"说，张岱年认为西方的精神文明也很高，不次于中国，中国的物质文明也相当丰富。第四，针对"东西方文化代表了不同路向"的观点，典型的如梁漱溟先生的"文化三路向"说，梁先生认为，西方文化意欲向前，印度文化意欲向后，中国文化意欲自为调和持中。张岱年认为世界各地文化的方向是基本一致的，不过各有所偏重而已。第五，针对"有古今无中外"的观点（持历史唯物主义观点而对历史唯物主义了解不深的人，如瞿秋白《东方文化与世界革命》；持文化社会学的人，如胡适、陈序经），该观点认为中西方文化只是时代不同，发展阶段不同，张岱年认为此种观点有一定道理，但不全面，这种观点仅关注了文化的时代特征，而忽略了文化还具有民族特征。在中西方文化的对比中，不仅存在时间上的差异，还存在着地域和文化背景上的不同。

总体看，中西方文化的差异在于中国文化特重"正德"，而西方文化则特重"利用"。从某种意义上说，中西方文化的差异是文化模式上的差异，这里所说的文化模式是一个"包括思维方式、知识结构、价值取向、审美趣味的综合体"[①]。中国传统文化重和谐统一，这种和谐统一体现在处理人与自然（天人关系）、人与社会、人与人的关系中，西方近代文化则重分别与对抗。

---

① 张岱年、程宜山：《中国文化与文化论争》，中国人民大学出版社1990年版，第89页。

三 坚持和发展马克思主义

从接触马克思主义哲学开始，张岱年就认为这种思想是"最可注意之哲学"，作为一个学者，他一生笃信马克思主义，并用自己的行动坚持和发展马克思主义。张岱年在政治及意识形态层面上坚决支持和拥护马克思主义，勇于同反马克思主义的各种学说做斗争；在学术上则以"批评的精神"和"客观的态度"对待作为学术思想的马克思主义哲学，积极发展和丰富马克思主义哲学。

早在 20 世纪 30 年代，张岱年先生就主张以"批评的精神"和"客观的态度"对新唯物主义发挥扩充。正是抱着这种态度，在马克思主义在传统教科书模式中逐渐僵化的同时，张岱年对马克思主义做出了中国化的理论解读，他从宇宙论、知识论、辩证法、人生观方面对马克思主义哲学的梳理和发展超越了日渐僵化的传统教科书模式。

20 世纪 80 年代，世界社会主义运动进入低潮，中国改革开放后思想文化领域受到西方思潮的冲击，一些人便开始叫嚣所谓的"信仰危机"。张岱年坚持马克思主义的辩证唯物主义，他明确指出，社会主义国家的失误根源不在于马克思主义，而在于违背了马克思主义的基本原理。面对自由主义思潮在青年和群众中产生的思想混乱，张岱年发表了《我为什么信持辩证唯物主义》《读列宁〈哲学笔记〉》《毛泽东开辟了中国历史的新时代》等论文，重申自己的立场："我肯定辩证唯物论是当代最伟大的哲学。"[①]

1992 年以后，张岱年特别强调马克思主义中国化的理论成果——邓小平理论，他认为"邓小平同志最伟大的贡献是提出'社会主义市场经济'的体制，这是对于传统的社会主义观念的重大突破"[②]。他指

[①] 张岱年：《张岱年全集》第七卷，河北人民出版社 1996 年版，第 157 页。
[②] 张岱年：《张岱年全集》第七卷，河北人民出版社 1996 年版，第 432 页。

出,新时代的中国哲学应以唯物论和辩证法为主,而这种唯物论与辩证法应该是马克思主义与中国哲学中的唯物论与辩证法的综合。

第三节 怎样创新——如何建设新文化

文化创新是一个复杂的系统工程,最深层的文化创新应当注重确立四大支点:哲学观念的创新、思维方式的创新、价值观念的创新、民族精神的创新。这四大支柱又涉及理论和实践两个层面的具体工作,理论层面即符合时代发展的哲学观念的提出、新的思维方式与价值观念的发展,以及对中华民族民族精神的科学总结和定位;实践层面即使理论层面的新成果影响大众心理层面,深入人们的日常生活,这样文化的创新成果才能真正巩固,内化为中国文化的一部分。

一 20世纪30年代谈三项具体工作

在"怎样创新"的问题上,20世纪30年代针对十教授的"中国本位文化建设宣言",张岱年先生就提出文化讨论如果只停留在口号阶段,那必将是空言。这一时期,张岱年提出,讲中国本位文化建设,只说空话大话是不成的,必须有实践的努力。在实践努力上,建设中国的新文化,又应该分工合作,系统推进三项具体工作,"一、文化整理及批判工作;二、学术创建工作;三、普及的文化革命工作"[1]。

文化整理及批判工作,就是对于中国过去的文化加以系统整理,

---

[1] 张岱年:《张岱年全集》第一卷,河北人民出版社1996年版,第234页。

并以现代眼光加以批判,这也是张岱年毕生的主要事业。学术创建工作,是最重要也最困难的工作。学术创建工作就是建立新中国的哲学、科学、文学、美术、工艺,张岱年特别强调学术独立性,而其中以哲学和文学的独立性和创造性最为突出。因为哲学是文化的核心,是最高的指导原则;而文学是民族生活的直接反映,能最快影响民众的生活。张岱年在学术创建方面所做的工作主要体现在以《天人五论》为主的中国化马克思主义哲学创新成果中。普及的文化革命工作,是就大众心理层面而言的。普及的文化传播工作是求人民之一般文化状态的提高,也就是"造新人"的工作。以上三项工作可以说是层层递进,文化的整理批判工作是前提性、基础性的工作;学术的创建工作是一个承上启下的环节,是文化创新在理论层面的关键工作;普及的文化革命工作则是学术影响大众,深入人们日常生活,变成文化深层基因的实践过程。仔细分析就会发现,这三项工作逻辑上是自上而下展开的,张岱年在论述这三项具体工作的时候也并未提出或强调主语,即由谁来进行、由谁来组织这三项具体工作,这也体现了当时中国大多数知识分子的阶级局限性。难能可贵的是,20世纪30年代面对中华民族的内忧外患,张岱年清醒地认识到,要实现文化的创新,最根本的是必须对现有社会制度进行变革。

二 20世纪80年代重视学术和社会心理两个层面

20世纪80年代,张岱年把改革开放以后中国的文化形态概括为四个方面的特点:一是生活方式的变化和工作方式的依旧;二是社会制度的先进和经济管理的落后;三是高尚精神的发扬与民主法制的不足;四是科学技术已具备初步基础,可是重视科学技术的气氛还不足。因此,"革故鼎新"成了文化现代化的主要任务。

这一时期在"怎样创新"的问题上,张岱年指出,我们现在的目标很明确,即建设中国特色社会主义文化,要实现建立新的中国文化体系的目标，主要涉及两点："开辟学术昌盛繁荣的新时代"和"社会心理的改造"①。"开辟学术昌盛繁荣的新时代"，在自然科学领域，应当积极吸收西方的科学传统，引进并应用西方的先进科学技术，并且通过财政支持来促进中国自然科学的进步。在文学艺术方面，既要汲取西方的创作技巧，也要将其与中国的语言文字相融合。而哲学领域，则需要在坚持以马克思主义为指导思想的基础上，鼓励不同学术观点之间的交流和辩论。中国传统文化中的哲学思想，虽然有人在研究，但在现实生活中已经没有多大影响。在现实社会中，仍然具有实际影响的是自古以来的社会心理，因此"社会心理的改造"是文化创新的紧迫任务。在社会心理的转型过程中，价值观和思维模式的更新是关键所在。价值观的创新变革主要聚焦于三个核心议题："个人与社会的关系""精神生活与物质生活之间的联系"以及"道德观念与生命价值的相互关系"。个人与社会的关系又称群己关系，是价值观的最根本问题。社会由个人组成，而个人不能脱离社会而存在，群体与个体是相互依存的，群体高于个体，但也不能忽视其中的个体。在探讨精神生活与物质生活的关系时，张岱年主张在满足物质需求的同时，也要维护个人的尊严，提升道德观念，并关注精神层面的需求。在道德观念和生命价值的关系问题上，张岱年认为只讲康德的"善良意志"或只讲尼采的"权力意志"都失之偏颇，既应该肯定人的生命力，也应该承认善良意志。在思维方式上，应该认识到中国传统思维方式的混沌思维、重直觉而轻知解的不足，进一步实现辩证思维与分析思维的统一。

---

① 张岱年：《张岱年全集》第六卷，河北人民出版社1996年版，第453—454页。

三 20世纪90年代强调四大层次的创新①

20世纪90年代，在"怎样创新"的问题上，张岱年提出以中国特色的社会主义市场经济为崭新基点，在文化形态、民族精神、思维方式、价值观念四大层次上，进行"中华文明史—世界文明史"上划时代的重大创新。

文化形态的创新，是中国文化大变革、大发展的集中体现。中国的改革开放、经济起飞、掀起社会主义市场经济的时代浪潮，呼唤着中国文化在观念形态上的总体创新，标志着中国文化现代化的大变革、大发展。从中国文化历史形态学的角度来看，这将意味着中国文化势将走上文明时代以来的第七个新时代。公元前3000年前后的炎黄时期是中华文明起源形成时代—公元前1000年前后的殷周时期是中华文明的雏形时代—公元前500年前后春秋战国的子学时代—公元1000年前后宋代开创的理学时代—1840年以后近代以来的西学东渐时代—20世纪中国文化现代化的综合创新时代，这是中华文明史上、世界文明史上划时代的历史变迁。

民族精神的创新，是中国文化创新的深层本质。文化现代化过程中的中国，不仅需要继承发扬固有传统中的民族精神，而且需要现代革新的民族精神。张岱年提出把"自强不息、厚德载物"的民族精神贯穿到社会主义现代化进程中的天人关系、人际关系中去，重新塑造民族精神，铸造民族精神的现代长城。

要在民族文化、民族精神上实现现代革新，又必须以思维方式的革新发展为中枢，带动民族心理的现代革新。张岱年先生反复倡导，以"唯物主义、辩证思维、以人为本、爱国主义"作为中华民族思维

---

① 本部分核心内容曾以《社会主义核心价值与中国发展道路创新》为题发表于《光明日报》2011年8月8日第11版。

方式的四大支点，结合现代化的时代精神，实现整个民族思维方式的根本变革，使中华民族心理结构实现现代升华。从深层次上看，中国文化、民族精神、思维方式创新的关键，最终取决于价值观念的现代创新。这就要求我们立足于社会主义市场经济的实践需要，借鉴东西方价值观念发展的历史经验，努力创造中国特色社会主义的新型义利观、伦理观、价值观。

第四节 文化体用问题

文化的体用问题是运用中国哲学的范畴来研讨文化问题，是处理文化问题的中国方式。关于体用问题，在有关中国文化问题的讨论上，出现过"中体西用""西体中用"两种典型学说，张岱年先生正是在对这两种学说的批判中，形成了对文化体用问题的科学认识。

一 中体西用论

"中学为体，西学为用"是19世纪后半期中国的时代思潮，它是西学东渐之后，第一种对西方文化的冲击做出正面回应的比较自觉而又系统的理论。梁启超曾言："甲午丧师，举国震动，年少气盛之士，疾首扼腕言'维新变法'，而疆吏若李鸿章、张之洞辈，亦稍稍和之。而其流行语，则有所谓'中学为体，西学为用'者，张之洞最乐道之，而举国以为至言。"[①] 正因此论述，人们多把中体西用论归在洋务派的李鸿章、张之洞名下。其实，这一理论可追溯到魏源的"师夷

---

① 梁启超：《清代学术概论》，朱维铮校注，中华书局2010年版，第146页。

长技以制夷",而最早提出和论述这一观点的是早期改良派的冯桂芬、王韬、薛福成、马建忠、郑观应等人。在不同的历史阶段,不同派别对"中体西用"的实质和历史作用的具体理解不同,体用、中西的内容和范围也随着论者的需要不断变化。

在早期改良派那里,"中体西用"主要作为一个进步性的理论。19 世纪 60 年代冯桂芬提出"以中国之伦常名教为原本,辅以诸国富强之术"[1]。这里的诸国富强之术包括:改革科举制度、奖励科学技术人才、扩大绅士的政治权力、准许人民用诗歌表达意见等,而这些已经超出了当年魏源所讲的战舰、火器、养兵之法等"夷之长技"的范围,开始涉及政治制度方面的一些问题。随着中国向西方学习的扩展,改良派意识到西方的富强不只在于船坚炮利,根本在于经济政治制度。但经济政治制度在改良派看来也只是富强之本,是"末中之本",而非"本中之本"。郑观应明确指出:"中学其本也,西学其末也。主以中学,辅以西学。"[2]在他看来,富强之权术与"孔孟之经常"相比也只能居其次。而此时,"中学为本"也被限制在伦理道德和君主政体的意义上。早期洋务派虽然重视学习西方的"船坚炮利",但"洋务"亦被视为末节,他们认为中国固有的"文物制度"才是根本。中体西用论正是在这样一种中学西学兼容并蓄的文化结构中出现的,该主张试图在维护传统伦理和政治秩序的基础上,打破旧有的束缚,借鉴西方现代文化成果以促进国家的富强。虽然表面上强调了中国传统文化的核心地位(中体),但实际上更注重西方文化的实用价值(西用)。

到康、梁时,虽然改良派也对"中体西用"采取附和的态度,但变法的呼声已经把改革封建制度和制定资本主义法律作为核心和关

---

[1] 冯桂芬:《校邠庐抗议》,上海书店出版社 2002 年版,第 57 页。
[2] 郑观应:《盛世危言》,辛俊玲评注,华夏出版社 2002 年版,第 112 页。

键。此时的洋务派则把"中体西用"当作了对抗改革变法的旗号。1898年,张之洞在《劝学篇》中详细论述了其中体西用论的思想。他明确指出:"不可变者,伦纪也,非法制也;圣道也,非器械也;心术也,非工艺也。"[①] 在张之洞的这一论述中,"中体"的概念已经超越了早期洋务派所强调的物质文明和制度层面,转而具体指向封建社会的伦理道德、社会秩序以及相应的封建君主政体。他试图构建一个以封建主义的思想体系为体,以近代西方的科学技术为用的文化体系。此一时期提"中体西用",意在强调对行将就木的"中体"的维护,其保守性日益凸显。

可见,随着洋务实践活动的扩展和国人对西方认识的加深,西学的内容日益扩展,从原先的船坚炮利到后来的经济体制、政教法度;与此同时,中学的内容则被消减为孔孟传承的礼乐教化、纲纪伦常。把中学归结为理学家所宣扬的道统,归结为儒学的伦理政治观,这也就造成了似乎儒学的伦理政治观念与西方资本主义近代文化之间的关系就等于中西文化的全部关系的现象。

二 西体中用论

与中体西用论相对的另一种文化主张是西体中用论,早在20世纪30年代的中国本位文化论战中,熊梦飞就提出了西体中用论的主张,其主张包含四个理论要点。首先,全盘吸收西洋文化的根本精神。熊梦飞指出,全盘吸收西洋文化的根本精神是中国现代化的必由之路,他认为西洋文化的核心精神体现在以下几个方面:一是学术思想的科学化;二是工业与农业的机械化;三是政治社会以及家庭组织的民主化。这三样法宝是"俟诸百世而不惑,放之四海而皆准"的东

[①] 张之洞:《劝学篇外篇·变法第七》,转引自张岱年、程宜山《中国文化与文化论争》,中国人民大学出版社1990年版,第319页。

西，要无条件地整个吸收。其次，局部吸取西洋文化的枝叶装饰。所谓局部，就是选择性地吸收。熊梦飞指出，除根本精神外，最不必效法西方的有：日常生活的衣食住行等；西洋历史遗型；西洋奢侈文明、拜金主义享乐主义；西洋文化之癌，如资本家的统治、阶级矛盾、国际矛盾。再次，借鉴西洋文化的核心精神，对中国传统的优秀文化进行适当的调整和提升，同时去除中国传统文化中可能存在的有害成分。吸收进来的西洋文化与中国文化的关系不是并存分治，而是要用西洋文化的三样法宝来权衡、洗刷中国的旧文化。通过以上三个步骤可做到中西文化的水乳交融。最后，在中西文化趋势相一致的前提下，保留中华民族的独特性，并通过中华民族的创新和转化，形成一种具有新时代特征的新文化。他主张为世界文化未来之和谐幸福发挥我们的创造精神，发挥中国文化应有的作用。

在20世纪80年代的文化讨论中，西体中用论回到了人们的视野。这一时期西体中用论的代表人物是李泽厚。其"西体中用"意思是以源自西方的现代化为"体"，以中国实际为"用"。"西体"既包括社会存在的方面，也包括社会意识的方面。在他看来，不仅科技思想属于"西体"，马克思主义也属于"西体"。中国实际则涵盖了作为中国文化心理的客观存在——儒学。在相关论述中，李泽厚的体用概念相当含混，他先讲"体"首先是社会生产力和生产方式，这个"体"既包括社会存在，又包括与一定社会存在相适应的意识形态；后又说不管是孔夫子的"中学"，还是马克思的"西学"都不能作为"体"。李泽厚所讲的"用"，则是运用的意思，即将现代化的"西体"运用于中国。

熊梦飞的西体中用论表意明晰，尚能自圆其说，其"西化"的思想主旨和理论倾向也一看便知。而李泽厚的西体中用论前后矛盾，很难自圆其说，其理论倾向仍是一种带有折中色彩的自由主义全盘西化论。

三　张岱年先生的体用观

受逻辑实证主义解析方法的影响，张岱年治学以严谨的概念解析为基础。他注意到"体"和"用"这两个范畴来自中国传统哲学，在中国传统哲学中"体用"有两种含义：第一，体用指实体与作用的关系；第二，体用指原则与应用的关系。两种用法在各自的领域中都是适当的。就体用的第一层含义而言，任何文化都是以民族的存在为体，以文化的内容为用。从社会存在与社会意识的角度讲，也就是社会存在是体，社会意识是用。当年严复批评中体西用论时，正是依据体用的第一层含义而言，他认为中学和西学各有各的实体和作用，不可胡乱嫁接。就体用的第二层含义而言，任何文化中都应有主导原则。中体西用论者所谓的体用，"不是指单一的个体与其功能、作用的关系，而是指一个文化系统的指导思想、根本原则与在其指导、统御下的各文化要素及其功能、作用的关系"[①]。而西体中用论对体用概念的使用则相当混乱。

张岱年先生认为，中体西用论忽视了文化的时代性，西体中用论忽视了民族的主体性。中体西用论试图把封建专制主义的思想体系与西方近代科学技术相结合，即试图在封建主义的生产关系下引进资本主义生产力，这显然违反了历史发展的规律，必然行不通。西体中用论试图以包括马克思主义在内的西方思想学说作为主体，来改造"中学"，以实现社会主义现代化，这显然是把现代化的路径单一化了。马克思主义虽然来自西方，但在中国起作用的是与中华优秀传统文化和革命实践相结合的中国化的马克思主义，不能将它简单归为西学。如果说"中体西用"的保守性在于固守"中体"，"西体中用"的错误性则在于扩大了"西体"的范围，中与西、体与用的范围在不同论者

[①] 张岱年、程宜山：《中国文化与文化论争》，中国人民大学出版社1990年版，第323页。

和不同读者的视域中不尽相同,正如李泽厚所讲,"关键在于解释"①。但理论的真理性不在于解释,而在于是否与客观实际相符。

张岱年注意到,用"体用"范畴来讨论文化问题在一定历史条件下具有积极意义,但论者在讨论中往往随意使用"体用"范畴,造成概念的不清晰,因而他本人慎谈"体用"。在1986年发表的《试谈文化的体用问题》一文中,针对当时李泽厚鼓吹的西体中用论混淆视听,张岱年也曾用"今中为体、古洋为用"的表述方式表明自己的立场。就"体用"的第二层含义而言,当代中国的主导原则是社会主义,此为"体",我们需要应用的是近代以来西方的科学技术,此为"用"。要在坚持社会主义"体"的前提下对中国固有的优秀传统文化批判继承,"用"近代以来西方的知识,特别是科学技术来发展中国文化,在艺术发展上则要兼顾民族的形式。就"体用"的第一层含义而言,不同时代的文化有不同的体用,社会主义文化之体是社会主义人际关系的基本原则;社会主义文化的用,是社会主义繁荣昌盛的科学艺术。1990年在《中国文化与文化论争》一书中,张岱年梳理了近代以来中国历史上流行的多种文化主张,他明确指出,辩证的综合创造要"抛弃中西对立、体用二元的僵固思维模式"②。此后,张岱年便不再用"体用"范畴论述文化问题。

方克立把张岱年先生的综合创新文化观概括为"马魂、中体、西用"论,"'马学为魂'即以马克思主义和社会主义的思想体系为指导原则;'中学为体'即以有着数千年历史积淀的自强不息、变化日新、厚德载物、有容乃大的中华民族文化为生命主体、创造主体和接受主体;'西学为用'即以西方文化和其他民族文化中的一切积极成果、合理成分为学习、借鉴的对象"③。方克立虽然借用中体西用的表

---

① 李泽厚:《中国现代思想史论》,天津社会科学院出版社2004年版,第338页。
② 张岱年、程宜山:《中国文化与文化论争》,中国人民大学出版社1990年版,第390页。
③ 方克立:《关于文化体用问题》,《社会科学战线》2006年第4期。

述，但其所讲的"中西""体用"已远远超出了中体西用论的解释范畴。这一表述的内容虽然符合张岱年先生的新文化建设理论精神实质，却不如"综合创新"的理论概括集中明晰。方克立自己也意识到"魂""体""用"的关系"还没有形成为一个有很强的解释力、有相当的普适性、为大家所认可的经典模式"①。

小 结

从20世纪30年代到耄耋之年，张岱年都在关注文化问题，关注中国文化的发展和命运。他所提倡的综合创新文化观涵盖了三个核心理论议题：中国文化未来的发展方向和路径、综合的策略、创新的方法。在中国文化未来的发展方向和路径问题上，张岱年既反对自由主义全盘西化论，也反对保守主义儒学复兴论，他主张中国特色社会主义的综合创新论。在综合的策略问题上，张岱年以哲学为核心，系统分析了中国传统文化，客观评价了近代西方哲学，理性思考了马克思主义哲学。对于中、西、马三种文化资源，张岱年主张用辩证法分析，认清三种文化资源的地位和作用。他认为，中国传统文化作为我们的母体文化，其中优秀的部分蕴含着发展的动力；西方近现代文化作为异体文化，其精髓可以激发现代化发展的活力；马克思主义作为我们的指导思想，在发展中国特色社会主义文化中发挥着主导作用。在创新的方法上，他主要聚焦价值观和思维方式的变革，集中于哲学观念的变革和中华民族精神的唤起，通过走一条"古今中外、综合创新"的道路，推进中国文化现代化发展。

---

① 方克立：《关于文化体用问题》，《社会科学战线》2006年第4期。

第七章　综合创新文化观的历史地位

冷战结束后，世界文化和中国文化都发生了巨大变化，对这种变化做出恰当的分析和回应是理论工作者义不容辞的责任。本章分析了世纪之交围绕世界文化走向问题，流行于国际理论界的五种文化哲学思潮。同一时期，北京大学的张岱年、季羡林、费孝通三位先生则分别从文化哲学、文化史、人类学角度对中国文化和世界文化的走向问题做出了分析和概括，三位先生或可称为世纪之交的文化哲学之北大学派。乍一看，在同样的时空背景下，对文化问题的不同解释是学者们不同知识背景和理论专长的体现，实质上它也映现了学者们理论深刻程度的差异。通过这样的集中比较，我们便能看出综合创新文化观在世纪之交文化哲学思潮中的历史地位。

第一节　世纪之交国际文化理论五大思潮

20世纪末在世界上有五种比较有影响力的文化思潮：弗兰西斯·福山的历史终结论、塞缪尔·亨廷顿的文明冲突论、杜维明的文明对话论、哈贝马斯的交往理论、詹姆逊的后现代主义文化理论。本节将通过对这五种文化思潮的分析,揭示其理论本质,对比它们与综合创新文化观的优劣,以凸显综合创新文化观的特点。

一 历史终结论——文化单质论老调重弹

1989年,美籍日本学者弗兰西斯·福山(Francis Fukuyama)在《国家利益》(夏季号)上发表《历史的终结?》,抛出所谓的历史终结论。1992年,福山在吸收研究各种反馈意见和学术观点的基础上推出专著《历史的终结及最后之人》。该书出版后,曾连续登上各类畅销书排行榜,并被先后翻译为二十多种文字,其流行程度可见一斑。

福山所谓的"历史终结",是指构成历史的最基本原则和制度不再进步,所有重大问题都已被人类解决。他坦言"历史终结"一词来自黑格尔和马克思,黑格尔和马克思都曾断言"历史终结"的阶段。在黑格尔看来历史终结于一种自由的国家形态,马克思则把"终结"定位为人自由全面发展的社会。20世纪末,世界社会主义运动陷入低潮,福山认为西方的价值观念和体制将具有普遍意义,人类历史将终结于西方的自由民主制度。在福山看来,历史之所以会终结于西方的自由民主制度,是因为自由民主制度内部不会产生新的、更高级秩序的内在矛盾,因此这一制度也就不会走向衰落。福山也承认现代西方自由民主制度在经济、社会层面面临着诸多严重问题,但在他看来,这些问题都无法严重侵蚀自由民主制度本身的合法性。

事实上,福山在冷战结束后仓促抛出的历史终结论并无深刻内涵,其文化理念的精神底蕴和实质无非就是流传已久的文化单质论。他认为世界社会主义运动陷入低潮之后,马克思主义、社会主义必将"永远"退出世界历史舞台,欧美自由主义必将一统天下,整个世界都将是清一色的欧美自由主义文化。在他看来,经济全球化不过是强行推进文化单质论的有力杠杆,"全球化=西方化=欧美化"成了文化单质论的典型公式。文化单质论本质上是违反文化发展辩证法的,其理论缺陷在于否认文化、文明发展的多元性、多样性。综合创新文化观以多元文化共存为前提。张岱年先生打破了文化单质论的思路，其文化观的理论实质是多元文化的综合创新，是对中国传统文化、西方近代文化、当代马克思主义文化的大综合、大创新。

20年后，福山对自己的历史终结论做出了修正。2009年9月日本《中央公论》刊登了对福山的专访，福山认为中国近三十年来经济的快速发展体现了中国模式的有效性，中国的"权威"模式代表了集中和高效。当被问及关于历史终结论的话题时，福山坦言"很难讲。最大的问题就是中国。中国在权威主义体制下的现代化取得很大成功"[1]。他同时认为，随着中国经济的持续增长，会形成要求民主化的压力，政治体制改革的压力也会越来越大。细看，福山历史终结论的主调还是没有变，历史仍将终结于自由民主制度，只不过这种自由民主制度可能具有中国的形式。虽然中国新型文化（文明）出现的事实让福山不得不修正自己的理论，但其单质论的文化思路依然没有改变，不理解文化发展辩证法的他也无法理解中国式现代化的真正内涵。

二 文明冲突论——呼唤文明对话

塞缪尔·亨廷顿把福山的理论称为"终结主义"（Endism），认为它只是制造了千年王国、歌舞升平的历史假象，实质上是一种"危险的、有破坏性的"理论，他认为福山的历史终结论忽视了"文明冲突"。

1993年6月，亨廷顿在美国《纽约时报》发表《未来的文明冲突也就是西方同其他地方的冲突》，此文首次亮出了文明冲突论的核

---

[1] ［美］福山：《日本要直面中国世纪——弗朗西斯·福山接受关西大学名誉博士学位时的演讲》，2016年11月22日，http://www.aisixiang.com/data/32320.html，2024年7月18日。

心观点，提出了东西方文明冲突的基本思想。同一年，在《外交》季刊夏季号上，亨廷顿发表了《文明的冲突？》，将自己的理论观点进一步系统化。以上两篇文章引起了学界广泛关注，其中不乏批评和质疑之声。为了回应外界的批评和质疑，年底，亨廷顿于《外交》季刊发表《不是文明又是什么？——后冷战世界的范式》。1996年亨廷顿将以上三篇文章中论述的有关文明冲突论的思想系统化，辑成《文明的冲突与世界秩序的重建》一书，该书被翻译成30余种文字，其影响远远胜过历史终结论。2001年9月11日，是以美国为首的西方基督教文明与其他文明之间冲突的高潮，许多读者惊叹于文明冲突论的预见性，认为这一天发生的事件就是文明冲突论的最佳验证。

文明冲突论的理论要点可以归纳为四点：第一，冷战结束后，在人类历史的新阶段冲突不可避免，冲突的本质和根源已不局限于意识形态或经济利益的差异，更深层次地体现为不同文化和不同文明之间的差异与对立。第二，文明的冲突将左右全球政治，未来世界格局取决于西方文明、儒家文明、日本文明、印度文明、拉美文明、非洲文明等文明之间的相互冲突与作用。第三，在一系列文明冲撞中，西方与其他文明之间的冲突将是未来世界政治的轴心，西方与其他文明差异的根源是基本价值观念和信仰的差异。第四，儒家文明是西方文明最大的挑战之一，如果儒家文明与其他挑战西方的文明联手，后果不堪设想。作为西方文明与美国价值观的坚决拥护者，亨廷顿提出西方文明应对挑战的措施是，加强西方文明核心部分（北美文明和欧洲文明）的团结与合作；拉拢接近西方文化的东欧和拉美文明；维系西方文明与俄罗斯文明和日本文明的关系；限制儒家文明和其他挑战西方的文明，加强其内部对立与分化。

与历史终结论如出一辙，文明冲突论的抛出也是基于世纪末国际局势在意识形态领域的变化。从表面上看，文明冲突论在文化观念、文化模式上超越了文化单质论，因为承认多元文化的存在是文明冲突论的理论前提,"文明的冲突"就是不同文化之间的对立冲突。深层看,文明冲突论在文化观念、文化模式上又未能根本突破与超越文化单质论,因为在亨廷顿看来,世界的发展只有西方和非西方两条道路,在非西方的诸多文明中儒家文明对西方构成了威胁,而西方最终会成功。亨廷顿在把儒家文明作为西方文明的潜在威胁时,并没有认真了解过这种文化和文明,在他的理论中,儒家就是权威主义的代名词。文明冲突论过分强调和突出文明发展中对立与冲突的一面,而忽视了其统一与融合的一面,其理论对文化辩证法的把握是不全面的。而张岱年早在20世纪40年代就提出"事物变化之流,一乖一和"的观点,即认为矛盾和冲突是旧事物毁灭的理由,和谐是新事物生成的原因,二者共同构成了宇宙永恒的流变。综合创新文化观认为各民族文化间的差异性主要是时代性和民族性不同造成的,在承认差异性的同时更注重文化和文明发展的交流与融合、互动与互补。

从20世纪90年代初美国介入波斯湾地区,到后来对阿富汗、伊拉克、利比亚、叙利亚等国进行不同程度的军事介入,我们清楚地看到,作为一种美国国家战略,文明冲突论以基督教文明和其他文明之间的冲突为借口,掩盖了其背后国家体系和经济利益的冲突。虽然文明冲突论在某种程度上道出了21世纪人类面临的文化和文明危机,但亨廷顿没有进一步在理论上建构解决问题的方法,作为一名美国人,他似乎更多地考虑的是美国的文明安全。在《我们是谁?——美国国家特性面临的挑战》一书中,亨廷顿延续了其文明冲突论的思维,并将这种视角从国际转入美国国内,他在书中论述了美国国家特性正经受的种种挑战,这些挑战中最核心的就是对美国主流文化盎格鲁—新教文化的挑战。"美国的盎格鲁—新教文化包括从英格兰继承而来的政治体制和社会体制以及习俗,最主要的内容有英语,以及当时不服从英国国教的新教的理念和价值观。"① 面对美国在中东战争中深陷泥沼，以及世界文明发展对和谐的诉求，亨廷顿在某些场合也"修正"了自己的理论，他坦言自己之所以提出文明冲突论，是为了唤起人们对文明冲突的危险性的注意，进而强调促进全世界"文明对话"的重要性。

三 文明对话论——人类文明的下一步怎么走

在全球范围内"文明对话"的主要倡导者是美籍华人、当代新儒家代表杜维明。杜维明先生在大学时代就对东西方文明的对话感兴趣，20世纪90年代担任夏威夷东西中心文化与传播研究所所长期间，他发展了两个项目，其中一个就是文明对话。但确切地说，文明对话论的正式确立主要是针对亨廷顿的"文明冲突论"。1998年，联合国通过一项提议，将2001年定为"文明对话年"（the Year of Dialogue among Civilization）。是年，联合国成立了一个由十八位专家组成的文明对话小组，专注于研究文明对话的相关议题。杜维明作为该小组的成员之一，参与了联合国"文明对话年"报告的编写工作，特别负责第二章"全球化与多样性"（Globalization and Diversity）的撰写。在这一章中，杜维明首次阐述了文明对话论的理论主旨，此后，杜维明又对文明对话的路径和行动等问题做了理论充实。其后，他在全球各地积极进行"文明对话"的学术活动，在与其他文明的对话中，他自己主要作为儒家文明的代言人。

文明对话论的理论主旨是：全球化在带来"地球村"的同时，也会导致霸权的宰制。为了避免霸权宰制，使各民族文化在全球化进程中和而不同地存在，需要文明间的对话。全球化不等于西方化，更不

---

① [美] 塞缪尔·亨廷顿：《我们是谁？——美国国家特性面临的挑战》，程克雄译，新华出版社2005年版，第51页。

等于美国化。文明对话的最低要求是宽容,"我们应该承认他者,承认他者在我们与世界交流中是不可或缺的;我们要发展尊敬他者的意识,这种意识将为相互参照和相互学习提供基础"[1]。文明对话需遵循两个基本价值观,"己所欲,施于人""为了建立自我——这里的自我可以是一个群体甚至一个国家——我应该认可他者的价值"。[2] 文明对话有三个关键途径:一是倾听;二是面对面交流;三是发挥长者和教师的引导作用。

与历史终结论和文明冲突论不同,文明对话论的前提是承认多元文化、不同价值的共同存在。文明对话论的宗旨就是超越文化单质论、文明冲突论,为全球化时代的人类文化走向提供一种新的选择。杜维明先生对文化和文化发展的基本问题没有进行系统研究,他主要是从文化比较的视角倡导"文明对话"。而张岱年则主要从哲学、从文化发展辩证法的视角提出文化综合创新。从理论设计的开展途径来说,文明对话论与综合创新文化观有许多共通之处。两个理论都强调文化交流,但张岱年在重视文化交流的同时更强调保持民族文化的独立性。两个理论都强调学者和学术的作用,强调中国传统文化对未来世界文明发展的贡献。当前,不同文明间的对话主要是不同文明背景的人文学者间的学术对话,而张岱年的文化综合创新,除了学者的文化整理批判工作和学术创建工作外,还考虑到了大众层面的文化普及工作;张岱年晚年更是以道德和价值观研究为核心,推动文化综合创新对大众文化的影响。从理论的具体实践来讲,文明对话论走得更远。杜维明先生凭借其国际影响力不断推进不同文明背景下的学者的对话,这一理论也得到了联合国的支持和倡导,成为世界共识。而张岱年的理论则没有这样的境遇和机遇,尽管他一生努力对中、西、马

---

[1] [美]杜维明:《文明间对话的最新路径与具体行动》,《开放时代》2007年第1期。
[2] [美]杜维明:《文明间对话的最新路径与具体行动》,《开放时代》2007年第1期。

三种文化进行综合创新，也取得了不小的成就，建立了自己的哲学体系和文化理论，但其理论仍不为世界知晓，即便中国国内也尚有对其理论的非议和简单化倾向。"文明对话"的开展走了一条国际化的道路，这一点值得综合创新论借鉴，更重要的是"文明对话"在当前情况下也是实现文化"综合创新"的重要手段之一。

正如杜维明所讲，文明对话论或许不能解决人类面临的诸多危机，但它是人类生生不息、繁荣昌盛的第一步。问题是，人类文明的发展不止一步，而综合创新文化观的高明之处就在于它不仅设想到了第一步，更预见到了人类文化发展的未来趋势。20世纪80年代，杜维明先生来北京大学哲学系讲学，接触到了张岱年的文化综合创新论，他坦言赞同文化综合创新论。

四 交往行为合理化和商谈伦理学

另一位倡导"对话"的学者是德国哲学家哈贝马斯（J.Habermas），不过哈贝马斯的理论视域比杜维明要广。哈贝马斯从20世纪70年代开始倡导商谈伦理学，1981年发表了《交往行为理论》两卷本。1993年亨廷顿提出文明冲突论之后，哈贝马斯对此进行尖锐批判，并把交往理论与文明对话论结合起来，试图重新解决文明对话能够平等展开的哲学前提、哲学基础问题。

哈贝马斯将人类行为划分为"工具行为"与"交往行为"两种类型，并主张以交往行为的合理化为理想社会的目标。哈贝马斯的交往行为有四层含义：第一，发生在两个以上主体之间的涉及人与人关系的行为；第二，以符号或语言为媒介；第三，依据一定的社会规范；第四，交往行为以对话为主要形式，以"理解"为目的。从相互理解的角度来看，交往行为是用来传播和更新文化知识的；从协调行为的角度来看，交往行为起着社会整体化和创造团结互助的作用；从社会化的角度来看，交往行为是为了造成个人的独有的特征和本质。然而，在现代西方社会中，交往行为已经逐渐发展为以金钱和权力为媒介，离开了"理解"的目的，因此必须实现交往行为的合理化。在哈贝马斯看来，实现交往行为合理化的措施，一是选择恰当的语言进行对话，语言是交往行为的杠杆；二是承认和重视共同的道德规范，这是交往合理化的基本前提。商谈伦理是指参与方通过语言交流，遵循真实性、公正性和诚意等基本伦理原则，来达成相互理解的状态。这种方法有助于解决道德观念分歧的问题，并在不依赖强制力的情况下促成共同的伦理观念。商谈伦理学的目的就是向各交往共同体成员提供他们都同意的道德规范体系，以促进相互理解。为了在现代社会中实现交往行为的合理性和社会的合理化，哈贝马斯提倡构建一个充满活力的市民社会，优化公众舆论的构成和氛围。这需要创造一个环境，让民众能够不受任何外部控制和限制，自由地表达他们的观点。同时，应通过制度化的方式，确保这种自由交流和对话成为常态，从而促进社会的健康发展。

与张岱年先生的综合创新文化观相比，哈贝马斯的理论有独特的意义。首先，哈贝马斯对西方现代化和现代性弊病进行了深入体察和准确分析，这是综合创新文化观所欠缺的；其次，以主体间关系的视角来说明和解决社会问题和文化问题，是对传统主客二元对立视角的重大补充；最后，交往和商谈的前提是承认主体间的平等关系，这与综合创新文化观强调"兼"的价值相通。

当然，哈贝马斯理论的不足也是相当明显的。首先，他把复杂的社会关系归结为"交往行为"，并试图通过以符号和语言为中介的交往行为的合理化来解决社会矛盾，这是不切实际的。马克思主义认为，语言的产生，正如意识的形成，主要是由于人们之间交流的迫切需求所驱动。哈贝马斯的整个理论构建都离开了历史唯物主义的根本，他也未能完全理解精神和物质的辩证关系，因而无法清楚认识生产力发展水平和人的认识水平之间的辩证关系。综合创新文化观以新唯物论为哲学基础，张岱年对文化系统的理解充分反映了物质和精神的辩证关系，他认为在广义的文化体系中最根本的是处于下层的生产事业。其次，哈贝马斯所描述的交往主体是理想化的"理性人"，这在现实中很难达到，也就是说在现实世界中，交往主体不可能真正具有平等的话语权。综合创新文化观并未把注意力集中于行动主体——个人，而是更多地关注文化主体——民族，强调文化主体的独立性和创造性。再次，虽然哈贝马斯和张岱年都注重道德的作用，但道德在二者理论构架中的具体作用差异很大。哈贝马斯试图构建的道德规范体系，是为了促进主体间的交往和理解；张岱年则以道德规范体系的综合创新作为文化综合创新的重要途径之一，它也是学术层面与大众心理层面连接的纽带。最后，与张岱年中、西、马三大文化传统的综合创新相比，哈贝马斯的理论不免有点欧洲中心主义的倾向。哈贝马斯虽然强调基于平等对话的交往，但他在构建自己理论的时候，理论视域仅限于西方社会发达国家，他并未真正了解过西方之外的其他文化和文明体系，更谈不上深入研究。2001年4月，哈贝马斯受邀来中国做公开演讲，他坦言自己对中国文化所知甚少，与中国学者的对话让他感受到了不对称。

五 后现代主义文化理论

弗雷德里克·詹姆逊[①]（Fredric Jameson）是20世纪后现代主义文化理论的重要代表人物，他早年从事法国文学研究，20世纪80年代以后开始从事马克思主义文化批判。1985年9月，詹姆逊应邀到北京大学讲学，其讲学内容后辑成《后现代主义与文化理论》一书出版，在中国学术界掀起了不小的波澜。后来出版的《晚期资本主义的

---

① 国内也有译作詹明信、杰姆逊的，本书正文中统一使用詹姆逊，参考文献中使用原著作出版时的译名。

文化逻辑》这部著作在西方引起了极大的反响，被视为后现代主义发展史上的一部标志性著作。

詹姆逊晚期资本主义文化逻辑的理论建立在对资本主义文化发展阶段划分的基础上，他参照曼德尔的《晚期资本主义》提出了资本主义发展的三阶段论，分别是市场资本主义阶段、垄断资本主义阶段，以及当前这个时代的资本主义阶段——通常人们错误地称作后工业资本主义阶段，但最好称作多国资本的资本主义阶段。与资本主义三个阶段相对应的，是辩证法发展的三种文化形式：现实主义—现代主义—后现代主义。他认为：这三个发展阶段分别代表了对世界和自我感知的不同体验。在西方，现实主义、现代主义和后现代主义每一种都映射出了一种新颖的心理架构，象征着人类本质的一次重大转变，或可称之为一次革命。后现代主义作为一种有别于现代主义文化的新型文化，已经成了晚期资本主义社会的主导文化，它表现了我们跟现代主义文明彻底决裂的结果。从社会内部和历史内容看，后现代主义的形式完全不同于跨国资本主义的或失去了中心的世界资本主义的形式。

在詹姆逊看来，后现代主义的特征有四个。第一，平淡感，"一种崭新的平面而无深度的感觉，正是后现代主义文化第一个，也是最明显的特征"[1]。第二，取消历史意识，"后现代主义现象的最终的、最一般的特征，那就是，仿佛把一切都彻底空间化了，把思维、存在的经验和文化的产品都空间化了"[2]。第三，情感的消逝，后现代主义文化更强调"今天一切的情感都是'非个人的'、是飘忽忽无所主的"[3]。第四，文化失去了空间距离，复制成为后现代主义中最基本的主题。

---

[1] [美]詹明信：《晚期资本主义的文化逻辑》，张旭东编，陈清侨、严锋等译，生活·读书·新知三联书店 2013 年版，第 360 页。

[2] [美]詹明信：《晚期资本主义的文化逻辑》，张旭东编，陈清侨、严锋等译，生活·读书·新知三联书店 2013 年版，第 238 页。

[3] [美]詹明信：《晚期资本主义的文化逻辑》，张旭东编，陈清侨、严锋等译，生活·读书·新知三联书店 2013 年版，第 368 页。

在后现代主义中,文化、工业生产和商品紧密地结合在一起,文化逐渐从特定的"文化圈层"中扩散,渗透到人们的日常生活中,并转变为一种消费品。詹姆逊对于后现代主义文化的态度极其矛盾,他一方面看到了后现代主义文化的历史必然逻辑有其合理性;另一方面也看到了后现代主义艺术发展轨迹并未给世人带来希望。面对后现代世界的破碎理论形式,詹姆逊的解决办法是"全球叙事"理论。"全球叙事"是一个"历史的框架",就是以历史主义态度对待叙事,通过对现代主义(形而上学)和后现代主义(零散化)叙事理论的批判,让人们在没有霸权的情景下获得连贯性的叙事。

从理论视域看,20世纪末,当综合创新文化观还在讨论民族文化现代化问题时,詹姆逊已经开始对西方后现代(晚期资本主义)的社会与文化进行批判。但这并不意味着后者的理论视域更广,一方面,詹姆逊从文化批判角度对西方资本主义的分析,可以为综合创新文化观提供更鲜活和丰富的资源;另一方面,詹姆逊的"后现代主义"概念是否成立还是问题,这一概念的普遍性也值得怀疑。詹姆逊自己也讲:"我提出了一个后现代主义的'模式',到底是否名副其实,现在只得听天由命。"[1]从理论重点看,詹姆逊反对把文化问题看作一个孤立、封闭的系统,强调文化问题同现实世界的内在联系,他的文化批判着重于文学、绘画、电影等大众传媒及大众文化制品的分析;综合创新文化观则更注重哲学层面的综合创新,虽然张岱年也关注到文学艺术的综合创新对大众文化的影响,但由于中西方文化发展的时代差距,处于改革开放初期的张岱年对现代大众传媒和大众文化的认识和理解肯定不及处于"晚期资本主义"时代的詹姆逊。随着中国现代化的推进,詹姆逊所描述的文化商品化的问题在中国也日益凸显,在这

---

[1] [美]弗雷德里克·詹姆逊:《现代性、后现代性和全球化》,王逢振、王丽亚等译,中国人民大学出版社2018年版,第216页。

一意义上，我们似乎可以说，两种文化理论可以相互补充。最后，在理论指向上，詹姆逊把马克思主义的理论重心和后现代文化的发展道路转移到叙事理论问题上，这使他的理论无法真正深入现实社会内部，也无法真正解决资本主义的各种问题；综合创新文化观则指向文化的"创新"，并进一步把文化的创新归结为哲学、思维方式、价值观念和民族精神的创新，这一理论指向明显比前者更深刻。

第二节　世纪之交文化哲学北大学派

21世纪之交的北京大学，除了张岱年的综合创新文化观外，还出现过另外两种重要的文化哲学思潮：季羡林的河东河西论和费孝通的文化自觉论。由于本书以张岱年的文化哲学为研究对象，故本节不再单列，仅略论另两位先生的文化理论。张岱年、季羡林、费孝通三位先生都高度肯定和重视中国传统文化的价值，反对"全盘西化"的论调。在中国文化和世界文明史发展规律和道路的问题上，三位先生分别从哲学、文化史、人类学的角度做出了解读。虽然研究方法不同，理论侧重点也不一样，但三位先生的文化理论却有许多共通之处。

一　季羡林——河东河西论

季羡林（1911—2009）先生研究的领域非常广，他在文学、语言学、文化学、佛学等多个领域都做出了重要成就。在20世纪80年代的"文化热"中，季羡林反对"全盘西化"的极端思想，强调文化交流。1988年，季羡林在《西域在文化交流中的地位》一文中首次明确提出了东方文化与西方文化"三十年河东，三十年河西"的观点，又称"河东河西论"。三年后的 1991 年，在《21 世纪：东方文化的时代》一文中，季羡林将河东河西论的观点进一步推进，提出 21 世纪是中西方文化的转折点，西方文化将让位于东方文化。针对全盘西化论，季羡林甚至提出了"东化"的概念。在随后的 1991—1995 年，季羡林撰写了十余篇论文，十五万字篇幅，从理论、历史、现实三个方面，全面、详尽地论证了他的观点。河东河西论的理论要点可归纳为以下几点。

（一）东西方文化各有所长

在文化产生和文明起源的问题上存在着一元论和多元论两种截然对立的观点，一元论认为文化和文明的起源由一个民族、一个地方产生，然后传播到世界各地；多元论则认为文化和文明的起源是多中心的。季羡林分析东西方文化问题的一个前提，就是在文化产生和文明起源问题上持多元论。在此基础上他把人类历史上的文化划分为四个体系：中国文化、印度文化、从古代希伯来发展而来的闪族文化、肇始于古希腊与古罗马的西方文化。这四个文化体系分属于东西方两大文化体系群：前三者属于东方文化，后者属于西方文化。东西方文化的共同点在于，二者都为人类造福，都提高了人的本质，都提高了人类的生活和享受水平，推动了人类社会的发展。东西方文化的最根本差异是思维模式、思维方式的不同。西方注重分析，一分为二；东方注重综合，合二为一。

（二）东西方文化的关系：三十年河东、三十年河西

季羡林认为，文化可以分为两个部分，一部分是自己创造的；另一部分是接受别的民族的文化，也就是文化交流。前者体现了文化的民族性，后者体现了文化的时代性。文化交流论是季羡林文化理论的立论基础，他认为文化交流在人类文化发展历程中发挥着重要的作用。在漫长的人类历史进程中，东西方两个文化体系群呈现出交互起伏、相互学习、相互补充的发展态势，没有哪一个文化群可以永远

主宰世界。从历史上看，东西方文化的关系是三十年河东、三十年河西。

季羡林认为中国文化之所以没有像其他古代文明一样灭绝，至今仍保持青春，是因为在历史上曾经历过三次"输液"：印度佛教思想传入、明清之际西学东渐、"五四运动"，而西方文化没有如此明显的吸收外来文化的阶段。从中国文化发展几千年的历史看，国力兴旺、文化昌明的时期往往能大胆吸收外来文化，从而促进文化的发展；惧怕外来文化、不敢吸收和接受的时期往往是国势衰退、文化低落的时代。

（三）21世纪人类文化发展的前途：东方文化

季羡林认为，西方的分析思维对科学和哲学的繁荣发展做出了巨大贡献，但是分析的方法在处理人和自然关系时强调人与自然的对立，重视人对自然的征服，这导致西方文化发展走入了绝境。目前世界流行的西方文化已经走到穷途末路，以分析方法为基础的科学不能解释和解决人类遇到的新问题。面对危机的21世纪，季羡林断言，只有中国文化、东方文化可以拯救世界。21世纪，东西方文化在世界上的发展地位将发生转变，人类文化的发展将进入一个新时期。但他同时指出，东方文化对西方文化的逐渐取代，并不意味着完全铲除和消灭西方文化，而是"继承西方文化在几百年内所取得的一切光辉灿烂的业绩，以东方文化的综合思维济西方文化分析思维之穷，把全人类文化提高到发展到一个更高更新的阶段"[1]。

总体来看，河东河西论是基于文化交流史的考察而提出的，它是对有限历史经验的不完全归纳。季羡林先生基于历史对文化交流的考察和归纳相当到位，但文化发展"河东河西"的概括不免有历史循环论的影子。在20世纪80年代自由主义西化派盛行时，季羡林大胆提

---

[1] 季羡林：《季羡林文化沉思录》，中国工人出版社2009年版，第69页。

出这一理论，其爱国主义文化情怀值得敬佩，其反对"西方中心论"的理论勇气值得称道。略显不足的是，用主张"东化"的"东方中心论"，反对主张"西化"的"西方中心论"，在理论高度上并没有根本超越文明冲突论，因而未必能从根本上战胜"西方中心论"。

季羡林的河东河西论提出后受到许多诟病，但他一直坚持自己的观点。从1997年起，他为了避免反对者的误解，将自己的文化主张换了个说法，改称"东西方文化互补论"。互补的提法意在强调，东西方文化不但各有所长，也各有所短，因此在对待自身文化时，都应批判继承，在与异文化交流中则应"拿来""送去"。所谓"拿来"，就是吸收西方文化的精华为我所用；所谓"送去"，就是把东方文化、中国文化的精华传播出去。送出去的内容包括中国传统的伦理道德、中国天人合一的思想。作为语言学家的季羡林强调，最先送出去的必须是汉语，因为语言是思维方式的集中体现。

二　费孝通——文化自觉论

费孝通（1910—2005）先生的研究领域是社会学、人类学，早在20世纪30年代他便开始中国农村和乡土文化的田野调查和研究。长期对中国文化的人类学考察，让费孝通对中国文化的体认更真切。费孝通最先思考"文化自觉"的问题，是在20世纪80年代末，当时不是从东西方文化比较的角度看到了中国文化有什么危机，而是基于对少数民族的实地研究。在考察内蒙古、黑龙江等地少数民族的过程中，这些民族在人类社会整体进入信息化社会后如何保存自身文化的问题引起了费孝通的关注。1990年费孝通80岁生日时，他依据崇德包容的东方精神，对20世纪人类文明的发展提出了"各美其美，美人之美，美美与共，天下大同"的畅想，这四句话也是他后来对"文化自觉"过程的概括。1997年年初在北京大学重点学科汇报会上，费孝通做了题为《开创学术新风气》（写于1997年1月）的发言，首次提出"文化自觉"的概念。费孝通发言中的"文化自觉"主要强调学术研究中的新风气,人文科学研究者应该以科学的态度去体会、认识、解释自己的文化。会后,他在发言稿后面对"文化自觉"进行了进一步解释:"文化自觉只是指生活在一定文化中的人对其文化的'自知之明',明白它的来历,形成过程,在生活各方面所起的作用,也就是它的意义和所受其他文化的影响及发展的方向,不带有任何'文化回归'的意思,不是要'复旧',但同时也不主张'西化'或'全盘他化'。"[①]稍后在北京大学举办的第二届社会学人类学高级研讨班上,费孝通做了题为《反思·对话·文化自觉》[②](写于1997年春节)的讲话,根据社会学人类学研究的经验归纳出了"文化自觉"的途径——反思和对话。

在费孝通的文化理论中,"文化自觉"是个可以由小见大的概念。从小处说,它是中国少数民族自身文化保存的问题;从大处说,它关涉整个中华民族和世界文明的延续和发展。现代化是一个"文化自觉"的过程,"即人类(包括学术人)从相互交往中获得对自己和'异己'的认识,创造文化上兼容并蓄、和平共处局面的过程"[③]。在费孝通看来,"文化自觉"是一个艰巨的过程,它要求我们清醒认识自己的文化。中华民族文化源远流长,从民族学的角度看,中华民族在历史上呈现出"多元一体"的格局。"多元"一方面说的是中华文明起源上的多中心、多样性,另一方面指中国文化发展中各民族的相互融合。"一体"指以汉族文化作为凝聚核心,以中原地区作为核心区域的文化发展。"在中华文化的发展过程中,多元的文化形态在相互接触中相互影响、相互吸收、相互融合,共同形成中华民族'和而

[①] 费孝通:《文化与文化自觉》,群言出版社2010年版,第182页。
[②] 在2002年8月作的《关于"文化自觉"的一些自白》中,费先生讲自己正式采用"文化自觉"这一名词是在1997年北京大学举办的第二届社会学人类学高级研讨班上的闭幕发言中,该届研讨班的举办日期是1997年1月5—12日。
[③] 费孝通:《文化与文化自觉》,群言出版社2010年版,第212页。

不同'的传统文化。"①文化自觉还要求我们深入理解所接触的各种文化，从中提炼出有价值的精华，并将其吸收和融合。文化自觉的结果是，世界各种文化"在相互接触中自主地相互融合中出现一个具有共同认可前提的基本秩序，形成一套各种文化和平共处、各舒所长、联手发展的共同守则"②。

第三节　河东河西论、文化自觉论和综合创新文化观的异同

　　张岱年、季羡林、费孝通三位先生的生命历程都几乎跨越了整个20世纪，他们都经历了中国文化的兴衰起伏。20世纪80年代，针对蔓延向大众心理层面的全盘西化论思潮，三位先生相继提出了自己的文化理论和主张，堪称20世纪末中国文化哲学三大家。

　　三位先生的主要研究领域各不相同，对文化问题的分析与认知也表现出鲜明的学科差异和特色。哲学家张岱年侧重于从哲学层面思考文化的发展问题，其文化理论的深刻性和体系性最强。且张岱年的综合创新文化观从20世纪30年代初步奠基，到20世纪80年代重新提出，再到20世纪90年代逐步系统化，其理论发展脉络始终与中国文化的发展状况紧密相连，新唯物论辩证法作为张岱年文化理论的思想红线贯穿于三个阶段。文学家和文字学家季羡林侧重于从历史的角度思考文化的发展问题，其理论的生动性较突出。季羡林通过对东西方

---

① 费孝通：《文化与文化自觉》，群言出版社2010年版，第252页。
② 费孝通：《文化与文化自觉》，群言出版社2010年版，第253页。

文化交流史的生动回顾，得出了东西方文化交流互补的结论。季羡林自己多次坦言对文化问题没有专门研究，也不善理论，他认为东西方文化"三十年河东，三十年河西"的说法只是道出了一个历史事实。人类学家费孝通主要从人类学、民族学的角度提出文化自觉论，其理论的现实性较突出。在现代化浪潮下，越来越多的民族文化受到冲击，民族文化的保存与发展和文化多样性的保持成为迫切问题。文化自觉论可谓小中见大，理论明晰，具有很强的现实性。

面对共同的历史语境和文化状况，三位先生的文化理论也表现出许多共通的地方。首先，在中国文化向何处去的问题上，三位先生都反对"复古"和"全盘西化"，都坚持马克思主义和中国特色社会主义的发展方向，其中以张岱年的综合创新文化观旗帜最为鲜明。其次，在中西方文化关系问题上，三位先生都承认文化的多元性，主张文化间的交流、互补与融合。尽管河东河西论的提法部分遮蔽了其主张东西方文化交流互补的思想，但季羡林后期做出了修正。最后，在文化发展方法路径上，季羡林的"拿来"与"送去"，费孝通的"取其精华、吸收融会""各抒所长、联手发展"，都表现出了文化发展的辩证法思想，但综合创新论更胜一筹，它不但有"综合创新"的具体方法，还凸显了文化发展中的自觉设计。河东河西论更多地强调文化发展的规律、文化自觉论更多地强调对待多元文化的态度，综合创新文化观不仅科学总结了文化发展的规律，强调了多元文化的共存，更突出了"富于创造力的人"在文化发展中的作用。

此外，三位先生同中见异的地方也十分突出。季羡林和张岱年都讲中华文化的现代复兴，但季羡林颇有复古的倾向。张岱年所强调的中华文化的现代复兴特指中国特色社会主义新型文明的发展和完善，以熔铸新型世界文明。费孝通和张岱年都讲"文化自觉"，但张岱年的哲学意味更强。张岱年是把"文化自觉"视为民族主体性的一方面，指出"一个健全的民族文化体系，必须表现民族的主体性"①。一个民族的生存和发展，离不开文化；文化的存在基础则是民族的主体性。其所谓民族的主体性包含三个层面：独立性、自觉性、主动性。独立性就是肯定自己的独立存在；自觉性就是具有自我意识，自己能认识自己；主动性是具有改造环境的能动力量，不屈服于环境。

小 结

本章对20世纪末流行的几种文化理论做了简要论述，并把它们与综合创新文化观进行了比较。从每个理论都有自己的问题域的角度看，这种比较也许不太恰当。况且我把比较的标准定位于是否符合文化发展的辩证法，这一标准也不是举世公认的。然而，从20世纪末人类文明面临的共同境遇来说，几种理论又是具有可比性的。从上文的分析中我们可以看到，就研究深度、思想高度、未来价值来说，张岱年的综合创新文化观都有过之而无不及。综合创新文化观以多元文化共存为前提，兼及不同文明的矛盾冲突，最后走向世界多元异质文明的综合创新，深刻反映了中国和世界文化发展的辩证关系，为21世纪人类和平发展提供了鲜活的中国智慧。它既强调文化的交流互动，又注重主体性的发挥；既体现文化发展的民族性，又紧跟时代步伐；既注重学术层面的理论建构，又强调大众心理层面的文化建设。张岱年先生自己更是身先士卒，在哲学上积极推动中、西、马三大文化传统的综合创新。

---

① 张岱年：《张岱年全集》第七卷，河北人民出版社1996年版，第64页。

在比较中我们也看到，作为一种立足中国文化、面向世界文化的文化哲学理论，综合创新文化观尚有一些不足。例如，综合创新文化观在世界上的影响力不如亨廷顿的文明冲突论，它对不同文明和文化间的差异和矛盾研究也不够充分。在具体推进上，综合创新文化观没有文明对话论那么大张旗鼓，文明对话论在联合国的推动下已成为一种世界共识。在对大众文化的分析上，综合创新文化观不如后现代文化理论那么细致真切，詹姆逊对大众文化的分析可谓入木三分。在口号鲜明程度上，综合创新文化观不如河东河西论和文化自觉论那么明晰。然而，正如张岱年自己所讲，文化"综合创新"是一项系统工程，那么世界上所有文化理论和学术思想的合理成分都应该被吸纳进来。

第八章　综合创新文化观的当代生长点

张岱年先生是中国马克思主义价值论、道德论和中华民族精神论的理论先驱和重要奠基人，他对道德、价值和中华民族精神问题的重视与阐发是其文化哲学与大众心理层面衔接的关键。在当代，这三个问题更是成为中国特色社会主义文化建设和发展中的重要问题，受到学术界的关注。张岱年从学术层面提出并探讨了新价值论、新道德论和中华民族精神论，一些结论虽只能作为学者的一家之言，却是无法被忽视的一家，其中体现的问题意识、分析方法、理论底蕴和人民情怀至今依然令后辈学人肃然起敬。

第一节　新道德论

道德是文化的重要方面，国民道德水平是一个国家文化发展程度在大众层面的重要体现之一。从新文化运动到改革开放，凡是社会急剧发展变化的时代，对道德层面的冲击都十分明显，这种冲击在带来道德革新的同时，也会引发道德领域的危机。作为一名马克思主义理论工作者，张岱年对文化问题的关注和研究长达七十余年，道德问题可谓他学术思想的两大焦点问题之一。张岱年在20世纪曾三次集中论述道德问题,两次呼吁新道德,他对道德问题的理性分析和独到见解从某种意义上为我们今天的道德建设提供了理论指导。

一 20世纪前期倡导革命救国的新道德

20世纪关于新旧道德的讨论至少可以追溯到新文化运动,新文化运动反对旧道德,提倡新道德,在道德层面可谓破旧有余,立新不足。孔家店被砸烂之后,中国传统道德的根基受到动摇,但对于中国需要一种什么样的新道德这一问题,却一直没有定论。对新旧道德的讨论也一直延续到了20世纪30年代。1931年9月18日,日本侵略者点燃侵略中国的战火,给遍体鳞伤的中华民族当头一击。中国知识分子意识到,新文化运动的议题并没有结束。张东荪发表了《全国动员与学哲学的人们》,提出哲学与救国的关系。随后,冯友兰发表了《再论全国动员与学哲学的人们》,把对此问题的讨论深入哲学思想和国民道德的关系层面。两位学界名人对此问题的论述引发了当时媒体的关注。本着"救国必先救民,救民必先还魂"的原则,创刊不久的《现代思潮》发表了一期"新道德运动专号",对国难下什么是新道德、怎样进行新道德等关键问题做了集中探讨。编者在引言中写道:"近来国难发生,使我们在思想上感到极不安稳。我常常努力抑制感情,置己身在客观的地位,想找出近年来我国杂扰状态,与屡次被辱,而终不见长进的原因。渐渐我觉得,自然近来是极深刻地觉得,中国人没了中心道德,是唯一的原因。中国旧道德,不问青红皂白,一齐被抛弃了,而西洋人的基础道德,却没有抓到一样。所以中国人已经没有了魂。这样干下去,只有越弄越糟。"[①]《现代思潮》的讨论到1932年3月底结束,持续近半年。此时的张岱年还在北京师范大

[①] 陈铃:《国难下的"新道德"大讨论》,《文史精华》2011年第2期。

学念书,没有参加这次有关新道德的讨论,但他在20世纪三四十年代对道德问题做出了独到的思考。张岱年对道德问题的思考可以说延续了20世纪30年代关于新道德讨论的思路,但他思考问题的深度和广度完全超出了这一讨论。

20世纪30年代的新道德讨论中鲜见马克思主义的观点,应该说"五四运动"时期,李大钊、陈独秀、瞿秋白等思想家率先采用马克思主义视角来探讨道德的基本理论问题。他们指出,道德是经济基础的映射,并且随着社会经济关系的演进而不断演变。然而,从历史的角度来看,他们的研究尚处于初级阶段,缺乏系统性。由于随后的实际斗争和革命活动的需求,这些思想家纷纷投身于国家存亡、政党建设以及工人和农民运动等实际工作,而对伦理学基础理论的深入研究则暂时被搁置。正是在新道德讨论之后,张岱年自觉扛起了中国马克思主义伦理学的大旗。这一时期,张岱年在哲学方法上受马克思唯物辩证法和罗素解析法的影响,在道德观上他也认为马克思和罗素的"最切实"。这种切实就体现为,"马克思阐明道德与阶级之关系,阐明在有阶级之社会中,道德常为支配阶级统驭在下阶级之工具。罗素则力说旧道德中残忍与迷信的成分甚多,力陈人类需要更合理之道德"[1]。张岱年清楚地认识到,马克思主义并不否定道德,而是最合乎道德的;马克思主义也并不反对人道主义,而是要求更彻底的人道主义,在资本主义社会中人道主义只不过是怀柔被统治阶级的工具。

张岱年用唯物辩证法对道德问题进行了深刻分析,这主要体现为他对道德常与变问题的思考。张岱年认为道德随时代而变化,但变化之中也有不变的一贯原则,这就是道德变中有常。道德常与变的问题即道德的共性与形态的问题,共性是道德的共同本质,形态是道德现象。一方面,一切道德的共同本质是恒常的;另一方面,道德起源

---

[1] 张岱年:《张岱年全集》第一卷,河北人民出版社1996年版,第159页。

于社会生活的需要，必然随着社会生活的发展而变迁，各个时代都有自己的道德。正因为道德随时代而变，因此要考察时代的需要来建立新道德。又因为道德变中有常，所以新道德的建立必须以旧道德为基础。

在中国传统哲学中道和德是两码事，"道者当然之理，德者行道而实得之于己"①，"道"是认识当然之理，"德"是依当然之理而实践，张岱年认同道德原则和道德实践是两码事。在道德原则方面，道德的最高原则因时代和阶级而不同。儒家将"仁"作为其核心理念，墨家则将"兼爱"奉为最高准则，而道家则以维护生命和保持个体完整为其最高追求。从普遍的视角看，道德的最高原则只有一个，就是"公"，新道德的建立首先必须满足"公"的最高原则。在最高原则之下，针对当时中国的境地，新道德还必须满足两个根本原则：一是有利于民族振兴，二是有利于社会改造。具体而言，新道德包括六达德和六基德。达德是就一般道德层面而言，讲的是个人对群体的行为准则；基德是就特殊道德层面而言，讲的是家庭生活的准则。六达德包括公忠、任恤、信诚、谦让、廉立、勇毅；六基德包括孝亲、慈幼、勤劳、节俭、爱护公物、知耻。在道德实践方面，新道德的实践主要是"为天下人民兴利除害"，让世界各地的民众都能够培养和扩展他们以公心为先、以个人利益为后的美德。具体而言，道德实践与时代的发展密切相关，20世纪30年代的中国面临两大时代课题，"一是民族生存的战斗；一是社会改造的工作"②，因此当时所需要的道德，应该是一种能促进全民积极向前、勇于斗争、甘于奉献，为了民族和理想而奋斗的道德。这一新道德不是通过道德的革命就能实现的，而是要诉诸革命的道德，有赖于社会制度的变革以消除阶级差别。

---

① 张岱年：《张岱年全集》第三卷，河北人民出版社1996年版，第213页。
② 张岱年：《张岱年全集》第一卷，河北人民出版社1996年版，第398页。

二 20世纪中期讨论道德的阶级性与继承性

1957年，冯友兰先生发表《中国哲学遗产的继承问题》，提出了区分哲学命题的抽象意义和具体意义，主张抽象继承传统哲学。冯先生认为，哲学命题可分为"抽象意义"和"具体意义"两个方面，其中"抽象意义"具有普遍性，即不受主体及时空条件的限制；"具体意义"只适用于特殊时空环境和特殊对象，故不具有普遍性，具有普遍意义的命题就是有价值的，反之则是无价值的，不可以继承。后来，冯友兰又将"抽象"和"具体"这对范畴替换成了"一般"和"特殊"。此命题引起了广泛的讨论，有些人以此命题与毛泽东的"批判继承"不符而大肆批判。

张岱年认为冯友兰对哲学命题的"具体意义"的提法是正确的，但冯友兰所谓"抽象意义"则不免接近形而上学的看法。对于冯友兰关于"可以继承的就是许多命题的抽象意义"的说法，张岱年明确表示不赞同，他认为这"实际上不过是把那些应该继承的遗产加以抽象化，结果只有使丰富的哲学遗产变得苍白无力而已"[①]。20世纪50年代，在道德的阶级性和继承性问题上，张岱年发表了《中国伦理思想发展规律的初步研究》《道德的阶级性与继承性》和《关于哲学遗产的继承问题》。

张岱年认为，一方面，道德具有阶级性是马克思主义伦理学的基本命题，这无可置疑。道德是社会生活条件下形成的行为准则，它起源于特定的社会需求和社会联系，并且会随着这些需求和联系的演变而演进。因此，所有的道德理念和道德范畴都带有时代特征和相对性。不同时代有不同的道德，相同时代的不同阶级具有不同的道德标准。只要社会阶级结构依然存在，就不存在超越阶级界限的普遍道

---

① 哲学研究编辑部编辑：《中国哲学史问题讨论专辑》，科学出版社1957年版，第345页。

德。忽视道德与阶级的关联，而宣扬所谓的超阶级道德，实质上是一种误导。另一方面，阶级性不是唯一的。道德观念起源于原始社会的共同体生活。在早期社会中，道德并未带有阶级的烙印。随着社会结构的演变，进入阶级社会后，道德观念开始带有阶级色彩。在阶级社会中，阶级特有的道德规范往往是在原始道德观念的基础上经过调整和重塑形成的。虽然确实存在一些道德准则是在阶级社会特定经济利益的基础上新建立的，但还有许多道德准则继承自原始社会，只是它们的含义和应用已经发生了变化。在特定时期的阶级社会里，尽管各个阶级之间存在冲突和对抗，但它们终究是社会共同体的一部分，相互之间也存在着一定程度的依赖性。在同一社会结构中，不同阶级间存在着复杂的相互联系，这种联系导致了不同阶级所持道德观念之间也呈现出交织复杂的状态。在现实中，各个时代和各个阶级虽有其独特的道德标准，但往往使用相似或相同的道德术语来表达。也就是说，道德除了有阶级性以外，还具有共同性。在阶级社会里，各个阶级由于生活于同一历史阶段，面对着共同的生活情景和历史任务，因而存在着一定的共同利益。人类的公共生活规则是一切阶级的道德基础，也是不同阶级的道德所含有的共同因素。

在道德的继承性问题上，张岱年提出哲学遗产的继承问题是思想发展中的连续性问题。思想的发展进步是一个逐步深化、逐步提升、持续积累和不断进步的过程。这一过程是前后相继、正反相承的，前一时代所创造的认识成果是后一时代继续前进的基础。继承不是简单的，它包含改造与提高，其中有肯定也有否定，但绝不是把原来的形式接收过来。张岱年指出，继承的基本标准是"科学性"和"民主性"。"科学性"就是符合客观实际，揭示客观规律；"民主性"就是反映人民要求，适合人民需要。

应该说，张岱年对于道德阶级性与继承性的论述是符合马克思主义的，也体现了一个学者对中国道德问题的独特思考，但由于当时急剧变化的国内政治形势，张岱年的这些思想并没有在学界引发多少关注。

三 改革开放时期倡导社会主义新道德

"文化大革命"对中华人民共和国成立后建立起来的社会主义道德造成了巨大的破坏，这个破坏还没被修复，改革开放后，我们又受到西方自由主义道德思潮的冲击。20世纪80年代，张岱年对道德问题的研究做了系统梳理，写成《中国伦理思想研究》一书发表，面对改革开放之后道德建设领域出现的新问题，他加强了对道德问题的研究。20世纪90年代，他又相继发表《建设新道德与弘扬传统美德》《移风易俗与传统美德》《传统美德与社会主义精神文明》《新时代的义利理欲问题》《儒家伦理与企业道德》《生命与道德》《关于传统道德与市场经济的关系》等论著。1992年邓小平南方谈话和中共十四大提出建立社会主义市场经济以后，中国进入了发展社会主义市场经济的新阶段，面对新形势、新问题张岱年又一次呼吁新道德，他明确提出："在当前建设具有中国特色的社会主义物质文明和精神文明的宏伟事业中，有一项十分重要的工作，就是提高人们的道德觉悟、努力建设新时代的新道德。"①

张岱年对社会主义新道德的倡导，以对道德普遍性形式和特殊性内容的思考为前提。任何道德观念、道德范畴都有形式和内容两方面。不同阶级不同时代的道德，通常有某些共同的形式，而其特定内容则会随阶级和时代表现出差异性。张岱年认为，道德演变的方式主要有两种，一种是适应时代发展需要和革命的号召，建立并推广一套新的道德准则；另一种是保留传统的道德形式，同时注入新的内涵。对于第一个方面，张岱年认为东西方的传统道德都宣扬服从，宣扬对

---

① 张岱年：《张岱年全集》第七卷，河北人民出版社1996年版，第231页。

权威的顺从,这可谓一种奴隶道德。"新时代的道德,一方面肯定个人的人格独立,肯定个人的主体自觉性;另一方面更要求个人具有挚热的社会责任心,愿为民族和社会整体的利益而自我牺牲。"[1]第二个方面,主要是如何对待历史长河中流传下来的那些承载传统伦理规范的名词和概念的问题。张岱年认为民族语言具有一定的连续性和继承性,旧名词在长期的使用中已被人们熟知,如果生编硬造一些新词,人们未必会接受。

对于旧名词应赋予新的时代含义,做出新的诠释,这就需要对中国传统道德进行正确的认识和评价。中国传统道德是中国传统文化的一部分,而中国传统文化的核心是中国传统哲学,注重对道德问题的探讨是中国传统哲学的一大特色。在张岱年看来,中国传统哲学中对宇宙真迹的探索与人生至善的达到是一体两面的。中国古代哲学以伦理道德问题为中心,本体论、认识论与道德论三者紧密相连,强调道德原则与实际生活的统一。虽然中国传统道德的性质是封建道德,但其中也包含着一些公共生活规则,比如中国传统道德的一个基本理想原则是肯定人与人之间的和谐,在人际关系中强调"以和为贵",这也是市场经济条件下必须遵循的重要原则。张岱年认为,应该肯定中国传统道德中反映公共利益、维护民族利益的道德原则,这些也就是我们所说的中国传统美德。中国传统美德的思想基础是"人格意识",也就是我们通常说的"为人之道"。"为人之道"一方面是个人生活行动要遵守一定的原则,另一方面是保持独立意志和独立人格。对于中国传统道德中的具体内容,则应该认真分析,比如传统道德的主要纲领是三纲五常,否定三纲是必要的,因为三纲取消了臣子对于君王、子女对于父亲、妻子对于丈夫的独立人格,是对人性的桎梏。以"仁义礼智信"为内容的五常则是对个人家庭生活方面的道德要求,比较

---

[1] 张岱年:《张岱年全集》第七卷,河北人民出版社1996年版,第237—238页。

复杂，不能与三纲相提并论。

针对市场经济出现的新问题，张岱年还思考了经济发展与道德发展、德治与法制的关系问题。社会主义市场经济的发展，促进了国民物质生活水平的提高，道德建设的问题也日益紧迫地被提上议事日程。张岱年一方面肯定随着经济的繁荣发展，道德观念也得到了显著的提升。自改革开放以来，见义勇为的英雄和无私奉献的烈士事迹层出不穷，成为社会道德风尚的典范。另一方面，他也注意到市场经济条件下拜金主义、享乐主义和极端个人主义的盛行，以致人们大呼"人心不古""道德衰退"。经济发展与社会道德有一定联系，道德作为意识形态的一部分，由经济基础决定，也就是通常说的"仓廪实而知礼节"；同时道德也会对经济的发展产生能动作用，如果在经济发展过程中不注重道德建设，便会影响整个社会风气，破坏已经取得的经济发展成果。在德治与法制的关系上，20世纪90年代张岱年就明确提出经济增长与法律体系和道德准则紧密相连。在一个法律制度不完善的社会中，经济难以实现健康增长。同样，如果一个社会的道德水平下降，其经济同样难以维持正常发展。"没有健全的法制，市场经济将会出现混乱。没有优良的道德风尚，法制也难以充分推行。道德与法制是相辅相成的。"①

基于以上三个方面的考量，张岱年在20世纪90年代提出必须根本扬弃以"三纲五常"为本质特征的封建主义旧道德，确立中国特色社会主义道德的"新三纲"：爱国主义原则，为人民服务的集体主义原则，社会主义的人道主义原则。张岱年在20世纪30年代也曾提出过"新三纲"，那时的提法是"群为己纲""智为愚纲""众为寡纲"，也就是强调个人服从集体、无知听从有知、少数服从多数。从中我们不难看出张岱年理论的一贯性和发展性，对待人我、群己、公私的关

---

① 张岱年：《张岱年全集》第七卷，河北人民出版社1996年版，第578页。

系等道德根本问题的原则是一贯的,即体现出"公"的最高原则,发展性则体现为在社会主义新时期明确提出了爱祖国、爱人民、爱社会主义的新原则,这是对20世纪30年代新三纲的具体化发展。在批判封建道德、弘扬传统美德的基础上,张岱年提出了适应中国社会主义市场经济的新九德:忠、信、慈、孝、廉、礼、勤、俭、勇。对于市场经济条件下的"新九德",张岱年均采用了传统道德的名词,但赋予了它们新的内涵。忠,不再是对君主的愚忠,而是对祖国、对人民的公忠;信,不只是人际交往中的诚实守信,更是市场经济条件下的诚信;慈,是对古代人道主义的发扬,是对社会主义人道主义的补充;孝,不是封建旧道德讲的对父母绝对服从的愚孝,而是父母和子女双方相互承认对方的独立人格,从而负担彼此的义务;廉,包括廉和耻两方面,即"廉洁奉公"有所作为,"行己有耻"有所不为;礼,不是封建时代的繁文缛礼,而是社会主义条件下的文明礼让,是对公共生活准则的遵守;勤,是对勤劳的传统美德的继续;节,是对节俭的传统美德的保持;勇,是一种积极进取的精神,即在坚持独立人格的基础上发扬主动性。

第二节　新价值论[①]

针对1919—1927年的中国哲学思潮,艾思奇曾有过一个评价,他认为将人生问题作为主要研究对象的哲学,是民族资产阶级衰退后

[①] 本节核心内容曾刊载于《前沿》杂志2012年第3期。

的产物，标志着资产阶级已不再能够作为社会进步的驱动力。[①]科玄论战之后，关于人生问题、价值问题的讨论更是被马克思主义者所排斥。张岱年看到了价值论的独特意义，他深入挖掘中国传统哲学中的价值论，开创了中国马克思主义价值论研究的新路向。

一 中国马克思主义价值论研究的开创者

张岱年先生是我国马克思主义价值论研究的开创者，在西方价值论研究刚兴起三四十年的时候，他就开始了对中国马克思主义新价值论的探索。逻辑实证主义以价值不是事实而否认价值的存在，罗素认为，当我们声称某物或某事具有"价值"时，我们实际上是在表达个人的情感态度，而非陈述一个客观存在、不受我们个人情感影响的事实。张岱年虽然赞同逻辑实证主义解析的方法，但对其价值观却不敢苟同，他指出，现代实证主义者主张，所有的价值判断都是无效的，因为它们并不描述任何实际存在的事实，并且无法通过经验来验证其真假。然而，这种看法忽视了价值判断的本质，它不是关于现实世界的陈述，而是以一种思想上的误解来衡量其意义。价值判断的真正意义在于其实践性，而非可验证性。

张岱年最早对价值问题的探讨，见于《辩证唯物论的人生哲学》一文，文章肯定了马克思恩格斯学说中蕴含着伟大的人生哲学，他在当时已有文献材料的基础上尝试对其进行了归纳。在抗日战争期间写成的《认识·实在·理想》中有对价值论的集中论述，20 世纪 40 年代成书的《中国哲学大纲》《天人五论》之四"品德论"中都有专门的章节讨论价值问题。张岱年在对价值问题的探索中，思考的基本理论问题在于以下五个方面。

[①] 艾思奇：《艾思奇文集》第一卷，人民出版社 1981 年版，第 64 页。

（一）何谓价值

价值即"人物之伦列"，在价值的本质问题上有两种倾向，一种是把价值理解为实体，另一种是把价值理解为客体的固有属性。张岱年的独特之处在于从关系的角度理解价值，把价值概念类比于中国传统哲学中"贵"的概念。他指出，价值可以称为"物伦"，表示事物之间的等级差别。价值是内在于物的，离开物无所谓价值。"价值实即事物之间的一种关系，是物与物之间的区别之一。"①

价值是客观的。马克思在《评阿·瓦格纳的"政治经济学教科书"》中说："'价值'，这个普遍的概念是从人们对待满足他们需要的外界物的关系中产生的。"②据此，许多中国学者把价值理解为外物属性对人的需要的满足。详细考察经典作家的相关文本可知，这句话是马克思以批判的态度转述的，非马克思本人的观点，但很长一段时间以来，国内一些学者把它错当马克思的观点应用。张岱年认为，以满足需要来界定价值不足以说明有关价值的一切问题。尤其在人的问题上，这种需要论是讲不通的，而且对于需要本身也有一个评价问题。在此意义上，张岱年认为价值有三层意义：第一层是客体满足主体的需要，第二层是对需要的评价问题，第三层是主体本身的价值问题。

价值关乎理想。张岱年认为"关于价值之命题，亦即关于理想之命题"③。在1936年发表的《生活理想之四原则》中，他提出中国需要新的人生理想，这种新的人生理想是唯物对理法（也就是唯物辩证法）在人生哲学上的应用。张岱年最先注意到新唯物主义十分重视理想，但其对理想的研究不够充分，相比之下，中国传统哲学对于生活理想的研讨十分丰富。

---

① 张岱年：《张岱年全集》第一卷，河北人民出版社1996年版，第452页。
② 《马克思恩格斯全集》第19卷，人民出版社1963年版，第406页。
③ 张岱年：《张岱年全集》第三卷，河北人民出版社1996年版，第19页。

（二）价值的层次

张岱年区分了价值的三个层次：究竟价值、内在价值和外在价值。外在价值即功用价值，强调事物的有用性。内在价值由事物的内在性质决定，新实在论者穆尔（G.E.Moore）认为内在价值仅仅表明一个事物是否具备这种价值，以及具备的程度，这完全基于事物自身的固有特性。内在价值有美、善、真，"美"是艺术的价值，"善"是道德的价值，"诚"与"真"是认识的价值。究竟价值是对实、生、知（觉）的肯定，也就是对存在、生命和认识本身所具有的价值的肯定。在价值的三个层次中，功用价值是达到内在价值的途径，"美为实之圆满，善为生之圆满，真为觉之圆满"①。

（三）价值的标准

价值标准问题实际上是价值的评价问题，也就是对事物价值的评价。西方不同学派对价值标准有不同的看法：直觉主义者认为基本的价值标准是善、正当、义务；自然主义者认为基本的价值标准是兴趣、欲望、需要、喜欢等；功利主义者认为基本的价值标准是快乐或幸福；情感主义者认为基本的价值标准是主体的情感、态度、欲望、意愿等。张岱年对价值标准的论述带有极强的哲学思辨性，他吸收中国儒家"和为贵"的思想，指出价值的基本标准是圆满，即"丰多而平衡"。事物价值的不同就在于其圆满程度不同，他在《天人五论》之五"品德论"中把这一标准概括为"兼和通全"，"亦即富有日新而一以贯之"②。将多个元素融合为一个整体，称为"兼"，同时保持多样性和统一性称为"和"，用一个原则来整合多个方面称为"通"，用一个要素来满足多个需求称为"全"。

---

① 张岱年：《张岱年全集》第一卷，河北人民出版社1996年版，第453页。
② 张岱年：《张岱年全集》第三卷，河北人民出版社1996年版，第203页。

（四）人的价值

张岱年最早注意到人的价值问题，他认为人的价值有两层含义，一是指人类的价值，二是指个人的价值，其中又包括"人有没有价值"和"人怎样生活才有价值"两个问题。人类的价值是就人类与其他物种的比较而言，人类的价值在于人是世界上最高的生命形式，人类具有其他动物所没有的优越特性。个人价值有两个层面，一是个人的社会价值，强调个人对社会的贡献；二是个人的自我价值，强调独立的人格。自我的价值是就自我与别人、自我与社会、自我与人类的关系而言的。

（五）哲学价值观的核心问题

文化的核心是价值观，各种文化的差异，根本在于价值观的差异。张岱年将价值观分为三类：宗教的价值观、哲学的价值观和庸俗的价值观。宗教信仰将上帝视为价值的根源，而庸俗的价值观则追求物质享受和权力地位，将金钱和权势奉为至高无上的。哲学的价值观则不同，它摒弃了宗教的束缚，超越了庸俗的追求，致力于深入探讨价值的本质。[1]张岱年认为，哲学价值观可归结为义利、理欲、德力等问题，其核心问题是个人与群体关系、精神生活与物质生活关系的问题。

通过以上略述的五个方面我们可以窥见，张岱年对价值和价值观基本问题思考得出的结论虽然略显简略，许多结论在今天看来也许过于理想化（如价值的层次和标准问题），但其考虑问题之全面、分析之独到，可谓开马克思主义价值论研究之先河。他对人的价值的重视，更是体现了中国学者价值研究的独特视角。然而，张岱年并没有止步于此，20世纪80—90年代，他开始了中国传统价值观的系统研究，以期探索一种新型的价值观。

---

[1] 张岱年：《张岱年全集》第七卷，河北人民出版社1996年版，第261页。

二 重视考察中国传统哲学价值观

由于接触到的马克思主义文献有限,张岱年对马克思主义价值论的研究没有停留于总结马克思主义原有的东西,而是将这一问题扩展到中国传统哲学的领域,用马克思主义价值标准分析中国传统哲学的价值观,以中国传统哲学中的价值观丰富和充实马克思主义的价值观。在对中国哲学进行深入分析时,张岱年先生提出了一个引人注目的新见解。他认为哲学是文化的精髓,而中国古典哲学的精髓在于其价值观,尤其是以人为中心的价值观构成了中国哲学最具活力的发展点之一。

（一）注重从整体上全面考察中国哲学史上的各种价值观

在20世纪80年代发表的《中国古典哲学的价值观》（1985年）和《中国哲学中的价值学说》（1989年）等文章中,张岱年对中国哲学史上的各种价值观进行了全面考察和分析。他具体考察了中国历史上先后出现的十四种价值观:黄帝"重德、利用、厚生"的价值观,《左传》中"立德、立功、立言"的"三不朽"价值观,孔子以仁为贵的内在价值观,墨子公利至上的功利价值观,孟子"天爵""良贵"的人生价值观,老庄贵无相对主义的价值观,《易传》中道义功利统一的价值观,荀子德力全尽的价值观,法家道德无用论的功利主义价值观,董仲舒重义轻利的价值观,王充"德力俱足"的价值观,宋明理学中讲义利之辩的价值观,王夫之"珍生务义"的价值观,邓小平理论中"三个有利于"的现代新型价值观。[①]

通过分析,张岱年指出中国古典哲学价值观涉及的问题主要在于两方面,一是价值的类型和层次,二是价值的标准。在价值的类型和层次上,中国古典哲学中有四类较典型的价值观:儒家重"义",强

[①] 王东:《张岱年学术思想的六大理论创新》,《河北学刊》2004年第4期。

调道德的作用，可谓内在价值论；墨家重"利"，强调"国家百姓人民之利"，可谓功用价值论；道家重"无"，强调自然，可谓价值相对论、超越价值论；法家只强调权力的价值，可谓狭隘功用论、唯力价值论。两汉以后，儒家价值观占据了统治地位，到宋明理学时期儒家价值观的发展严重极端化。在价值标准上，儒家主张"和为贵"，以多样性的统一为价值标准。

（二）区分了功用价值和内在价值

中国传统哲学对价值问题的争论以儒墨两家的争论为典型。儒墨两家都讲仁义，但儒家强调"杀身成仁""舍生取义"，其"仁"是有等差的；墨家强调"义，利也"，主张兼爱，其"仁"是无等差的。张岱年注意到二者实际说的是价值的两个不同层次，墨家的价值观是功用价值，它更强调对需要的满足，而不考虑内在价值，这类似于近代西方新实在论者佩里（R.B.Perry）以兴趣界定价值；儒家的价值观强调内在价值，但并不否定功用价值。

（三）尤其重视人的价值学说

在哲学观点中特别重视价值观，在价值观中特别重视生命价值，在生命价值中特别重视以人为本的价值，在以人为本的价值中特别重视独立人格的价值，这是张岱年探索中国新价值观独特的地方。

通过考察，张岱年发现中国古代主流思想肯定人作为一个类的整体价值，肯定人类在宇宙中的独特地位。《孝经》讲"天地之性人为贵"，就是从总体上承认了人类的价值，承认人是万物中最有价值的。但张岱年发现儒家在承认人类价值的同时，又区分了人与人之间的等级贵贱，在一定程度上否定了劳动人民的个体价值。相对于"类"而言，每个人又有其独特的价值。个人的价值体现为社会价值和自我价值两个方面，社会价值强调个人对社会的作用，自我价值强调个体的人格尊严。中国传统哲学强调人的独立意志和人格，儒家讲"三军可夺帅也，匹夫不可夺志也"（《论语·子罕》），尽管中国漫长的封建时代压抑了独立人格的发展,但中国历史上仍不乏不畏权势、追求道义的人。

生命的价值是价值研究中很少受到重视的一个问题,张岱年对此特别重视。他肯定"生的价值",指出生命的价值不能以满足需要来界定,相对于非生物而言,"生命的价值在于具有优异的特性"①。因此,我们应当尊重所有生命体的生命,这与中国传统哲学天人合一的思想是一致的,也蕴含着现代生态哲学的合理因素。张岱年对张载的"民吾同胞物吾与"的思想评价极高,认为这体现了对生命的尊重。

20世纪90年代,在对中国传统哲学价值观全面分析的基础上,张岱年借用尼采"重新估定一切价值"的口号,积极倡导社会主义新型价值观。重新估定一切价值,不是对以往一切价值观的简单否定,本着"去粗取精、去伪存真"的原则,张岱年对价值观问题做出了创造性发展。

三 倡导现代新型价值观

对新价值观的探索是张岱年学术生涯最后二十年的思想焦点之一,面对改革开放初期涌现出的一系列社会问题,张岱年清醒地指出:如果只追求利益而忽略道德,最终将导致失败;如果缺乏"礼"和正义,人们的欲望将无法控制,这将引发混乱;如果只崇尚"力"而忽略道德教育,最终将陷入孤立无援的境地。正确的做法是,以正义为基础来追求利益,用理性来引导欲望,同时重视德行和"力"的平衡。张岱年提出每个时代都有自己的价值观,他晚年积极倡导一种"义利统一""理欲统一""德力俱足"的社会主义新价值观。

第一,义利统一。张岱年先生把怎样处理义、利关系的义利观问题,作为确立新型伦理精神的首要本质问题,作为建设新道德的深层

---

① 张岱年:《张岱年全集》第七卷,河北人民出版社1996年版,第258页。

核心问题，因而把倡导富于时代精神与中国特色的义利统一的新价值观作为自己哲学创新的最后思想重心。①

世界思想史上，一直存在两种主要的价值观倾向，一种是"功利论"价值观，这也是西方价值观的主流，这一价值观在现代工具理性的推动下蓬勃发展；另一种是"道义论"价值观，这一价值观在西方近现代经历了从康德到罗尔斯的发展，得以有一席之地，但至今仍式微。张岱年认为中国传统文化中关于"义利"的思想主要有三派：以孔子、孟子、朱熹等为代表的主流派崇尚义，强调义和利的分别，他们所理解的利更多地指个人私利；墨子重利，不强调义利分别，其所讲的利主要是国家与人民的大利；荀子、董仲舒、张载、程颐崇尚义，但不排斥利，有兼重义利的倾向。李觏、陈亮、叶适、颜元是中国历史上明确兼重义利的，颜元主张的"正其义以谋其利，明其道而计其功"，见解较为深刻。

张岱年倡导一种义利统一的价值观，这里的"义"主要指道德原则，"利"主要指物质利益。"义利"问题包含的基本理论问题是公利与私利、物质生活与精神生活两个基本问题。张岱年一方面肯定公利不能离开私利，物质生活是精神生活的基础，精神需要高于物质需要；另一方面也强调在世界各民族由于历史、文化、经济利益等因素产生的矛盾和冲突还没有消失的情况下，为了中华民族公利牺牲个人私利的必要性。从长远看，义与利应该是统一的，最大的功利与最大多数的人私利的满足具有一致性，物质生活与精神生活协调发展才是最大的利，也才是最大的义。对于怎样做到义利统一的问题，张岱年提出了"遵义兴利""以义兴利"的观点，遵循既定原则，旨在实现国家和人民的福祉以及个人合法权益的最大化。

第二，理欲统一。与义利相关的另一个重要问题是理欲问题。张

---

① 王东：《张岱年学术思想的六大理论创新》，《河北学刊》2004年第4期。

岱年指出，关于欲的学说，先秦儒家主张节制欲望；墨家注重苦行，可以称为苦欲说；道家讲求无欲，只提倡基本生存需求的满足。不考虑后果和他人利益，一味地放纵自己欲望的学说最早见于先秦的魏牟，在魏晋时也有流行，主张"任欲而行"。中国传统哲学中所讲的理欲，主要指天理与人欲。把天理和人欲相对始于《乐记》，到宋代理学有理欲之辩，程朱学派强调天理与人欲的区别与对立，主张"存天理去人欲"，但宋明理学各派中对天理的理解又根据各自的哲学体系而不同。张载强调"气"，其天理指气的规律；二程、朱熹强调"性"，其天理指人性之本然；王阳明强调"心"，其天理指"良知之本体"。道学家中也有注重天理人欲统一的，胡宏、罗钦顺、王夫之、戴震等人就主张"理存于欲"，其中以戴震最为彻底。戴震强调天理与人欲的统一，他认为理源于欲，所谓天理就是节制人的欲望，但又不完全剥夺人的欲望。

在张岱年那里，"理"指道德原则、理想原则，"欲"指物质生活欲望。他认为满足欲望是生命得以维系的必要条件，但过度放纵却会对生命造成伤害。理欲关系是对立统一的，理欲问题包含的基本理论问题是生命与欲望、生命与品德的关系问题。生命重于欲望，但生命必有赖于欲望的适当满足；道义高于生命，但没有了生命也就无所谓道义。在此问题上，张岱年主张"循理节欲""以道导欲"（"以道导欲"是荀子的观点，张岱年认为此观点比较深刻），即在遵循人类共同的道德原则的同时合理节制人类的欲望，以崇高的理想引导个人的欲望发展。

第三，德力俱足。张岱年指出，在中国传统哲学中，儒家和法家对于德与力关系的见解较具代表性。儒家强调"德"，提倡"以德服人"；法家强调"力"，突出武力的重要性。法家的思想在秦代大行其道，但由于其过于重视君主的"权""术""势"，对人民实行残暴的统治，严重压抑了人的价值的发展，很快就退出了历史的舞台。纵观世界历史，对力的崇拜对西方近代文化产生了积极影响，中国传统文化主流则以"德之崇拜"为主。

在德与力的问题上，张岱年强调德与力的统一，既要看到道德的崇高价值，又要看到力的必要性。他认为德指道德意识和道德行动，力指生命力、意志力、体力和军力。强健的生命力是实现道德理想的基础。就个人而言，必须有充沛的生命力，才能做出有益于人民的成就；就国家而言，必须有强大的实力，才能对世界进步做出贡献。当时，如果只有旺盛的生命力，缺乏道德自觉性，就会做出危害社会的行为。张岱年认为王充提出的"德力俱足"的观点较为深刻。如何做到"德力俱足"呢？在当下表现为"仁"与"富"的合一，即物质文明建设与精神文明建设的兼顾与并重。

第三节　中华民族精神论

重塑现代革新的中华民族精神，让灾难深重的中国人民在民族危机中奋然崛起——这是张岱年先生早在20世纪30年代就萌发的哲学夙愿。他在长达七十年的探索中，坚持从理论思维高度呼唤中华民族精神，形成了中华民族精神论的雏形。

一　民族精神是民族生命的一部分

在18世纪的德意志文化民族主义思潮中，赫尔德和莫泽尔提出了"民族精神"的概念，到19世纪民族精神的研究在西方达到高潮，19世纪末中国学界开始了对这一问题的研究。而当时，国人多用"国魂""国性"等概念指称"民族精神"。1904年，留日学生刊物《江苏》杂志刊发《民族精神论》一文,这是"民族精神"一词最早见诸中国。张岱年先生从20世纪30年代开始关注文化问题,他从文化和哲学的角度对"民族精神"问题做了深入探索。

(一)何谓民族精神

"民族精神"简单讲就是民族文化的基本精神。每一个伟大的民族都有自己的民族文化,每一种民族文化都有其基本精神(民族精神)。就字面意思来看,"精是细微之义,神是能动作用之义。文化的基本精神就是文化发展过程中的精微的内在动力,也即是指导民族文化不断前进的基本思想"①。在整个民族生命中,对于文化的具体表现而言,民族精神起到"灵魂"的作用。文化发展的规律之一,便是在民族精神焕发和旺盛的时候,民族文化随之繁荣发展;而当民族精神萎靡不振时,文化便陷入停滞不前的状态。

广义上讲,每一个民族的思想观念都是其民族精神的体现,这个层面上的民族精神是文化传统的代称,是作为一个整体的民族的共同思想倾向。它包括学术传统和民俗传统,既有先进的成分,也有落后的成分。学术传统的核心是哲学思想,而民俗传统则体现为国民性,"哲学思想植根于民族习性的土壤中,又能起一定的陶铸民族习性的作用"②。张岱年对民族精神的讨论主要从哲学层面展开,其民族精神是狭义上(严格意义)的,专指能促进民族发展的积极传统和民族文化中的精粹思想。张岱年认为此意义上的民族精神有两项标准:第一,它具有深远的影响力,被广大人民群众所认同;第二,它能够促进社会进步,成为推动社会发展的精神动力。

(二)民族精神与时代精神

与民族精神相关的另一个重要概念是"时代精神",张岱年先生

---

① 张岱年:《张岱年全集》第五卷,河北人民出版社1996年版,第418页。
② 张岱年:《张岱年全集》第六卷,河北人民出版社1996年版,第222页。

对于时代精神也有一个明确定义，并有广义与狭义之区分。广义上讲，时代精神是一个时代所有思想和思潮的综合体现。而狭义上的时代精神则特指那些能够推动社会进步的思想或潮流，不包括那些过时和落后的观念。[1]要而言之，时代潮流、全球走向、大势所趋、人心所向就是时代精神的四个标准。

民族精神与时代精神相互贯通，二者如一枚金币的两面，不可割裂开来。"民族精神贯穿于民族文化发展过程的各时期的时代精神中。"[2]时代不断发展，民族精神亦随之变迁。一个向上发展的民族精神，应当顺应世界潮流，自觉体现时代精神。"现在我们奋发努力、齐心协力，建设具有中国特色的社会主义，中华民族精神必然达到高度的昂扬。随着时代的前进，民族精神必然会更有新的发展。"[3]

（三）民族精神的熔铸

民族精神的塑造，依赖于民族经济的坚实物质基础和民族心理的内在认同感；在这两个基础上，还需要有一群深刻理解民族利益、传承民族文化的学者和思想家。他们通过理论的提炼、哲学的构建和思想的引领，为民族精神的确立和民族灵魂的塑造提供理论支撑和哲学基础。民族精神形成之后，并非一成不变，它会随着时代的变迁而不断发展。"认识、理解民族精神，发扬、提高民族精神，是文化建设的一项严肃的任务。"[4]

二 中华民族精神的核心内容：自强不息，厚德载物

中华民族精神是中华文明延续五千余年的生命根基和精神支柱。中国在世界东方屹立了五千多年，一定有着其自我支撑的思想根基。

---

[1] 张岱年：《张岱年全集》第六卷，河北人民出版社1996年版，第356页。
[2] 张岱年：《张岱年全集》第六卷，河北人民出版社1996年版，第356页。
[3] 张岱年：《张岱年全集》第七卷，河北人民出版社1996年版，第555页。
[4] 张岱年：《张岱年全集》第六卷，河北人民出版社1996年版，第357页。

中华民族之所以能够坚定地站立在世界舞台上，其思想基础正是中国文化中的积极传统，也就是中华民族的民族精神。

对于中华民族精神和中国文化的基本精神，张岱年曾经有过多种提法。20世纪80年代初，张岱年把中国文化的基本精神概括为四点：刚健有为、和与中、崇德利用、天人协调。1984年的《中国古代知识分子与刚健有为、自强不息的优良传统》一文中，他强调爱国主义、大同理想、刚健不屈三个要点的统一。在《中国文化概论》一书中的提法是：天人合一，以人为本，刚健有为，贵和尚中。虽然对中华民族精神的提法略有差异，但其中一个不变的核心理念与主导思想便是《周易大传》中的"自强不息、厚德载物"两句话。

张岱年曾用《左氏春秋》中的正德、利用、厚生三事来概括文化的内涵，他后来将此进一步提升为"人群三事"[1]——御天（宰物）、革制、化性。"御天"意味着遵循自然法则，通过调整自然环境以更好地满足人类生活的需求，主要涉及人与自然的关系，属于生产力变革的范围。"革制"就是改变落后的社会制度而建立理想的社会制度，属于生产关系变革的范围。"化性"则是指人类精神境界的提高，属于终极关怀的范围。"自强不息"强调的是奋斗抗争的刚健精神；"厚德载物"强调的是兼容并包的宽容精神。两点相辅相成，构成刚柔相济的中华民族精神，贯穿于"人群三事"中，最终达到"万物并育而不相害，道并行而不相悖"（《庄子·齐物论》）的理想境界。

（一）"自强不息"的哲学基础——以人为本

"自强不息"强调的是坚持主体性，着眼点在人的对象性活动方面，这是中西方文化的共同之处。"自强不息"体现了中华民族的坚韧不拔和不断进取的精神，彰显了一种不屈不挠、勇于面对挑战的生命力，它激励人们在逆境中依然保持坚强，不轻易向困难低头。这里

---

[1] 张岱年：《张岱年全集》第三卷，河北人民出版社1996年版，第224页。

有两层含义：就个体层面而言，强调个人主体性的发挥，个体人格的独立、自我奋斗的精神；在民族整体层面，强调民族的独立性，对外来侵略不屈服，对不良现象不妥协，坚持抗争，直到胜利。

自强不息的哲学基础是重视人格的"以人为本"精神。张岱年讲的"以人为本"与我们所讲的科学发展观中的以人为本不完全相同，主要强调人的价值和独立人格。人格就是人之为人的尊严，一个健全的人格包括充实的生命力、高尚的道德境界和智慧的头脑。自强不息偏重德性、知识、能力方面的不断提高，从而保持人之为人的人格尊严。

（二）"厚德载物"的哲学基础——以和为贵

厚德载物原本是说"要有淳厚的德性，能够包容万物，这是中华民族兼容并包的精神"[1]。

在人与自然的关系中，厚德载物强调的是尊重和保护自然，与自然和谐共生的智慧，在人与人的关系中厚德载物强调的是交往活动中主体间性的发挥，它体现了中国传统文化的独到之处。

"厚德载物"的哲学基础是重视整体的"以和为贵"精神。在中国传统文化中"和"有两层意思：一是汇合不同的事物而达到平衡，即多样性的统一；二是相互适应而不产生矛盾，这具有和谐与协调的含义。前者强调了接纳多样性的重要性，后者强调了通过相互顺应来预防和解决潜在的冲突。

三 中华民族精神的自觉与弘扬

在中国现代化的伟大历史进程中，首先需要中华民族精神的现代化。民族精神的现代革新，需要创造与时代大潮、时代精神统一的新型民族精神，筑起新时代的思想长城，成为中国现代化的历史先导与

---

[1] 张岱年：《张岱年全集》第六卷，河北人民出版社1996年版，第168页。

精神动力。这就要求我们保持固有的特殊精神,并加以发展改进。总体上看,自强不息的精神是中西方文化的共同之处,但中国文化在这方面的发展后来出现了偏向,我们应该清楚地认识到,并及时纠正。厚德载物的精神是中国文化的长处,这方面我们应该更加发展,为世界文明的发展做出应有的贡献。

20世纪初,特别是在"五四运动"期间,新文化运动的旗手鲁迅以"改革国民性"为旗帜,提出了对中华民族精神进行现代化革新的紧迫议题。然而,在那个特定的历史时期,他的思想主要集中在"破除旧观念"上,通过揭露国民性中的缺陷,以期唤醒民众的自觉。20世纪后期,在改革开放新时期,张岱年先生以新形式继承发展了鲁迅精神。他的思想重心转向"创新"方面,不仅剖析中国传统文化的劣根性、消极面,更深入发掘中国传统文化的良根性、活东西,以确立现代革新的中华民族精神。

张岱年先生把对中华民族精神的弘扬体现在对"以人为本"论、"以和为贵"论的阐发上。"以人为本""以和为贵"是中华民族精神的哲学基础,也是中华民族精神在当代的集中体现,它为我们提供了个体存在与发展、个体间交往的精神准则。中国传统文化注重以人为本,偏重"正德",而忽视了个体生命力的充实,导致中国文化演进的某些时期在人与自然的关系上没有发生西方文化那样的变革。在社会主义条件下弘扬以人为本的精神,就是要按社会主义和人道主义原则来建立健全人格,"一方面要提高生命力、改造自然和社会的能力,另一方面要有很高的智慧和精神境界;一方面要肯定自我的价值和尊严,另一方面要承认别人的尊严和价值;一方面要肯定理性,另一方面要肯定生命力、意志的重要性"[1]。

---

[1] 张岱年:《张岱年全集》第六卷,河北人民出版社1996年版,第498页。

小　结

新道德论、新价值论、中华民族精神论是张岱年综合创新文化观在当代的三个主要生长点，也是当代文化建设由理论层面向大众层面渗透的重要衔接点。在"三论"的阐发上，张岱年走了一条"利用旧形式，赋予新内容"的路径，即将人们熟知的、习惯的来自中国传统文化的旧名词，赋予具有时代精神的马克思主义、社会主义新内容。张岱年道德论和价值论在马克思主义指导下对中华优秀传统文化的提炼升华，从某种意义上为我国"以德治国"方略和"社会主义核心价值体系""社会主义核心价值观"的提出和构建提供了理论先导和可资借鉴的经验。中华民族精神论的提出和阐发，更是让我们看到了张岱年深厚的理论底蕴和民族情怀。

结　语

20世纪风云激荡，不管东风西风，张岱年先生始终坚持"中国风"。他70余年一贯坚持马克思主义综合创新文化观，并在与各种偏激、片面的思潮斗争中发展了这一理论。自新文化运动兴起以来，关于东西方文化的辩论，以及20世纪30年代围绕"中国本位文化"的讨论，激发了张岱年对"文化的创造主义"理念的思考。在与主张西方文化优越论者的短暂辩论中，张岱年的文化理念开始形成初步轮廓。此后国内战事连连、国难深重，张岱年在艰苦的环境中潜心治学，构建了自己"综合创新"的哲学体系，为文化上的综合创新奠定了哲学基础。中华人民共和国成立后，张岱年工作的重心转移到了中国哲学史的教学和研究，这让他有机会系统梳理了中国传统文化。经过"文化大革命"的挫折之后，张岱年依然对马克思主义和社会主义满怀信心和希望。在20世纪80年代的文化讨论热潮中，面对"自由主义全盘西化"的论点所引发的挑战，张岱年再次阐述了自己的文化立场，坚定地举起了以马克思主义为基础的文化综合与创新的理论旗帜。在20世纪90年代，面对儒学复兴论对中华文化的发展和中国现代化进程的保守化规划，张岱年既认可了儒学的历史意义，又强调了马克思主义在中华文化发展中的指导作用。他主张，在21世纪推动中华文明的复兴，应采取一条融合古今、中外元素，进行综合创新的发展路径。

张岱年性格谦和，不好与人争论，其思想锋芒内敛而深沉。在20世纪的三次文化讨论中，他点名道姓的论战文章只有20世纪30年代与西化派论战的一篇，此文也是为回应对方挑战而作。20世纪80年代末，他曾点名批评过李泽厚的西体中用论，揭露其西化的本质；20世纪90年代，他曾两次对新儒学和新儒家的研究提出异议。自由主义全盘西化论和保守主义儒学复兴论的思维路向都是非此即彼的，这两派对文化问题的分析有许多情绪化和非理性的极端言论。相较而言，深谙中国传统文化精髓和马克思主义唯物辩证法要旨的张岱年，在三次文化论战中真正做到了"自强不息，厚德载物"。"自强不息"是他对马克思主义综合创新文化观的一贯坚持，对各种极端思潮的坚决反对；"厚德载物"是他平和包容的心态，对时代问题总能有理有据，冷静反思，积极回应。

张岱年晚年在回忆录中总结自己的学术研究有三个方面：中国哲学的阐释，哲学理论问题的探索，文化问题的研讨。应该说，三个领域的研究紧密相连，对哲学问题的探索是为了回应中国现实的需要，对中国哲学史的阐释则是为了研讨中国文化，研究文化问题只有深入哲学层面才能触及本质。三个领域的贯通使张岱年的综合创新文化观既有哲学深度，又具有现实观照性，体现了对中国哲学和中国文化发展走向的哲学思考。

本书以马克思主义新唯物论及其在文化发展问题中的应用为核心，通过历史和理论两个层面，勾勒出张岱年先生综合创新文化观的全貌，澄清了理论界对综合创新文化观和张岱年哲学思想的诸多误读，明确了其理论在中国和世界思想史上的地位。

综合创新文化观的形成和发展与马克思主义新唯物论有着密切关系。新唯物论是综合创新文化观的灵魂，也是其哲学基础。张岱年提出综合创新文化观，正是看到了新唯物论在唯物、理想、解析方面的综合，新唯物论的发展也有待于唯物、理想、解析的大综合。综合创新文化观根植于马克思主义新唯物论，其背后的世界观是辩证唯物主义和历史唯物主义。方法论层面，它基于对文化发展辩证法的认识。价值层面，以"和谐"抑或"兼和"为归宿。

张岱年先生整个思想底色都是马克思主义，他在马克思主义哲学中国化方面做出的贡献不容忽视。因为张岱年长期从事中国哲学史的研究工作，许多人便忽视了他对马克思主义哲学中国化的贡献。在中国哲学界还有一种观点，即认为把张岱年哲学思想实质定位为儒学（中国传统哲学）还是马克思主义哲学，与对先生思想的褒贬挂钩，我觉得这种观点极为幼稚。一来思想的深刻程度与学派的划归无关，二来先生对中国传统哲学和马克思主义哲学都抱着批判的态度。张岱年从20世纪30年代开始就强调在哲学创新中马克思主义哲学的主导地位，在文化创新中社会主义文化的主导地位，这并非"附和政治"，实乃看到了马克思主义哲学中"唯物、理想、解析"三者统一的雏形。而张岱年更是把中国未来的发展归结为新哲学的开创，把新哲学的开创归结为中国马克思主义哲学的发展。张岱年对马克思主义哲学中国化的贡献集中体现在辩证法和人生哲学两个方面：在辩证法中首次提出"和谐"的概念，并把"和谐"作为中华文化的基本精神之一；在人生哲学方面，用中国传统人生哲学补充和丰富了马克思主义的人生哲学。

综合创新文化观的实质是多元文化发展的辩证法，它是马克思主义文化哲学在当代中国发展的重要理论形态。这一理论在当代发展的生长点集中体现在新道德论、新价值论和中华民族精神论三个方面。这三个方面是理论层面与大众心理层面衔接的关键，也是综合创新文化观在具体操作上的突破口。

"综合创新"有着丰富的哲学意蕴，不能仅将其理解为方法。"综合创新"这一概念中，"综合"代表了包容性的价值追求，"创新"则体现了对现状的批判性思维。这两者共同构成了一个发展过程的不同阶段，其基础在于"分析"，旨在通过这一过程孕育出新的哲学思想和文化形态。张岱年所倡导的"分析"方法呈现出多样性，主要包括体验、解析和会通三个方面，这三个方面共同映射了辩证唯物主义的根本原则。"体验"的方法是唯物辩证法中实践原则的体现；"解析"法在逻辑实证主义的基础上进行了扩展和深化，展现了辩证法中的分析技巧；而"会通"则代表了辩证法中的综合技巧，同时反映了辩证法中关于联系和发展的基本原则。在张岱年看来，文化的综合创新是以哲学的综合创新为基础的，核心是马克思主义理论与中国文化优秀传统的结合。

综合创新文化观不否认文化发展中的冲突与矛盾，但它更强调其统一和融合的方面；它对文化发展路径的设计以哲学层面的综合创新为核心，也充分考虑到了哲学层面和大众层面的衔接。在与其他文化哲学思潮对比的过程中，我们也看到综合创新文化观发展中有待改善的地方：首先，这一理论的阐发被局限在中、西、马三大哲学思潮的恩怨纠葛中，无形中加深了中、西、马三大哲学之间的鸿沟；其次，这一理论围绕文化发展辩证法的论证在当代复杂的文化景观下显得过于单薄，应尝试运用其他理论方法丰富和扩展这一理论。但总体看，就整个世界文化思想史来说，综合创新文化观无疑体现了人类文化发展的规律，它也将为破解全球化世界文化发展同质化魔咒提供思想资源。

附录　近年来我对马克思主义文化综合创新的一些思考

我对马克思主义文化综合创新的思考，贯穿于十余年的课堂教学中，把这些思考的片段整理出来放在本书的附录部分，算是对自己博士学位论文的一种补充。本书主体部分，研究对象被限定在张岱年先生的综合创新文化观，内容的展开都是以张岱年的文本为依据，是对张岱年文本的梳理和再言说。而附录部分的思考更多是由我给学生讲授的问题引出的，其中有融会张岱年、王东两位先生理论的发挥，有备课时候的思考，也有课堂上师生互动的启发。

一　文化的内涵和价值

研究（或言说）文化，遇到的第一个棘手问题就是界定文化的内涵。很多编书或写论文的人都乐于用一定的篇幅来明晰这项概念，讲座或授课的人反倒因时间有限没法细细考证概念。无论考证与否，在回答"什么是文化"这个问题时，许多人是语焉不详的，他们会跟你讲：文化很难下定义，目前有关文化的定义有200多个，然后列举一些文化学专家的定义，到最后只是把读者或听众搞晕了。

我一般从辞源上给学生讲，"文化"是中国语言系统中古已有之的词语。"文"指线条交错的图形、花纹，《易·系辞下》曰："物相杂，故曰文。""化"有改易、生成、变化之意，《易·系辞下》曰："男女构精，万物化生。""文"和"化"这两个字最早联合使用，可以追溯到战国末期，由儒家学者编辑的《易经》中的《贲卦·象传》，"刚柔交错，天文也。文明以止，人文也。观乎天文，以察时变；观乎人文，以化成天下"。在这段话中，"文"字源于纹理的概念，它指的是日月的交替和天空中的纹理，即"天文"，这代表了自然界的法则。而"人文"则涉及人际关系和社会秩序，指的是人与人之间错综复杂的关系，如君臣、父子、夫妻、兄弟、朋友等，它们形成了一个复杂的网络，呈现出一种纹理的形态。这段话表达的是，治理国家的人不仅要观察天文现象，以理解时间的流转和季节的更替；还要关注人文现象，确保社会成员都能遵循文明的礼仪和规范，明白行为的准则。在古代中国，天文和人文紧密相连，天文是人文的预兆和反映，古代帝王都设有主管天文的机构，为古代农业社会服务。

我们现在使用的"文化"这一概念，更多是从西方语境中来理解的。在西语里，文化的英文单词是"cultrul"，词根"cult"有耕种、培养的意思，就是在土地上留下人的痕迹。文明的英文单词是"civilization"，词根"civi"有城市的意思。日常生活中，我们经常把文化与文明混用，实际上二者是有差别的。我提问学生时，他们的回答可以作为日常偏见的典型版本。一种常见的回答是文化侧重于精神层面，文明侧重于物质层面；另一种回答是文明侧重于人类创造的积极成果，文化则积极消极都有。张岱年先生没有对文化和文明进行严格的区分，他强调文化或文明是人类为了欲望进行的改造自然、改造自身的斗争过程及其结果。这一理解虽然把文化和文明等同，但基本上符合马克思主义思想。

如果你问我，马克思主义怎么界定文化？在马克思主义看来，文化就是"人化"，简单讲就是"留下人的痕迹"，也就是张岱年所说的"通过集体劳动而改造自然并改变人们自身"。"人化"既是过程，也是结果，用一个哲学术语来解释就是人的对象化活动及其产物，马克思在《1844年经济学哲学手稿》中论述过异化劳动，异化劳动是劳动实践的特殊形态（畸形形态），对象化活动则是劳动实践的一般形态。文明侧重于描述人类文化的发展状态，西方考古学界把金属工具、原始城市、书面文字、国家形成四个方面作为文明起源的标志，这四者往往在时间上同时出现，就表明人类文化发展进入了文明阶段。因此可以说文化在先，文明在后，有了人就有了文化，只有文化发展到一定阶段才称为文明。这里还需要补充说明的是，人类文明的演进具有多样性，因此西方考古学界的文明起源标志是否适用于一切文明的演进，这个问题有待探讨。在文明起源的标志这一问题上，中国有自身的特点，我的导师王东先生在中华文明起源问题上曾做过细致研究，他认为中华文明起源有四个独特的标志：礼、玉、易、龙。

归根结底，从宏观层面来把握文化，文化即人化，是专属于人类社会的独特现象，标志着人类社会与自然界其他生物的根本差异。文化是人类改造自然界和自身所取得的成果的总和，在这一层面上，它同样可以被定义为文明。人类之所以高于动物是因为人能创造文化。张岱年先生认为广义的文化指产业、经济、社会制度及学术思想的一切方面；狭义的文化指思想观念，也就是社会生活的精神方面，大致相当于马克思主义哲学中的社会意识这一概念，社会意识又根据其系统性与否区分为社会意识形态和社会心理。如果把文化比作一棵树，树根是物质文化，树干是制度文化，枝叶花果则是精神文化，广义的文化包括整棵树，狭义的文化只涉及枝叶花果。

了解了文化的内涵，对其价值就不难理解。我们日常讨论文化的价值，多聚焦于狭义的文化，即学术思想这个层面，作为枝叶花果的精神文化的价值表现为人类社会发展的思想指引、精神动力、力量凝聚等，这些在此不需赘述。从广义的角度来理解文化的价值，文化就是整个人类社会发展的进程及成果，文化就是人类命运的延续和见证。当我们从文化的视角审视人类社会时，就会发现不同的生产方式造就了不同的生活方式和交往方式，文化的差异就体现为生产方式、生活方式和交往方式的差异。

二 探寻中华文化基因

基因是一个生物学、遗传学概念，1909年由丹麦学者W.L.约翰森提出，意思是遗传因子，遗传信息的基本单位，存在于细胞内有自体复制能力的遗传物质单位。基因具有两个显著特性：首先，它们能够精确复制自身，确保生物种群保持其基本遗传特征；其次，基因有能力发生"突变"。虽然大多数突变会引发疾病，但少数非致病性突变却为自然选择奠定了基础。这些非致病性突变为生物在自然选择过程中适应环境变化提供了可能，从而促进了生物种群的进化。

生物进化遵循单一的机制，那就是基因的演变。与此相对，人类则拥有两种进化机制：一方面是生物基因的进化，另一方面则是文化进化。文化进化是通过劳动实践、社会互动以及语言符号的使用这三大主要活动完成的。它通过语言、人文学科和文化教育等手段，促进了文化基因系统的演化和发展。文化基因构成了人类文化体系的遗传代码，其核心要素包括思维模式和价值观。这些观念尤其体现在处理人与自然、人与社会、国家间关系以及心灵与物质世界这四大基本关系的核心理念上。在生物基因的层面，人类开展了全球性合作的人类基因组计划，文化基因层面的研究却很少被提及，对文化基因的探索实际上就是对人类本质的探寻。

探寻中华文化基因，就是沿着文化自觉、文化自信、文化自强的演进逻辑对中华文化进行系统反思，其中文化自觉是前提、基础，文化自信是根本要求，文化自强是最终目标。

探寻中华文化基因，首要的就是文化自觉，通过对中华文化的全面系统梳理，掌握其"基因图谱"，找出其存续和发展过程中的关键基因。文化自觉简单讲就是"认识你自己",说来简单,做起来却是极难的。无论是从个体、族群、国家民族还是人类整体层面看,"认识你自己"都需要跨越生命历程的哲学思索。窃以为,中国真正意义上的文化自觉始于近代,1840年之后,作为文化他者的西方文化的强行涌入才给"认识你自己"提供了可能和参照系。尽管在这之前,我们与异文化也有交流往来,但在传统"华夷之辨"的大思路之下,所有文化他者在我们的传统视野中都是"非文化"的存在,文化的交流往来并没有触动我们坚固的世界观,而是增强了我们的"文化自信",这种缺乏文化自觉的"文化自信"更多的是一种唯我独尊的自负。到1840年之后,虽有"师夷长技以制夷"的思路,开始向西方学习技术,但从文化心理上看,文化自负依然存在,因此才会把西方科技文化归结为"奇技淫巧"。1894—1895年,中国与日本之间爆发战争,战败后被迫与日本签订不平等条约,中国人的文化自尊心才真正受到冲击,这本来为"文化自觉"提供了良好契机,但后来整个中国近代历史的走向沿着保国保种、救亡图存的主题推进,文化自觉、文化自信的议题逐渐合并到文化自强的议题之下,文化自强的议题又简化成文化自存自保的议题。新文化运动是中国近代知识分子主导的具有划时代意义的文化自觉运动,尽管运动中新旧文化派知识分子对待中国传统文化的立场态度截然不同,无论最后的结论路向是全盘西化还是复古守旧,抑或综合创新,中国传统文化都被拿出来细细端详了一番,这种端详正是近代中国知识分子对中国传统文化的自觉。时至今日,回望新文化运动中各派的论争,无论对传统文化是抑是扬、是存是弃,都在一定程度上对中华文化基因进行了解析。张岱年先生讲文化自觉主要涉及民族主体性的方面,主要强调独立性、自觉性、主动性。近代以来至中华人民共和国成立,文化自觉的问题主要是中国文化独立性的问题。1949年中华人民共和国成立,中国人民在中国共产党领导下开始了系统的文化梳理重建工作,这是文化自觉、文化自信、文化自强的工作三者合一。

探寻中华文化基因,根本要求是文化自信。如果说文化自觉是以他者为镜来审视、认识自己,那文化自信就是平视他者,与他者进行真正的交流交往,这种目光平视的交往要向他者呈现自我的美与价值,文化自信的内容是我们经过文化自觉的反思甄选出来的让"我之为我"特性。"文化自信是一个国家、一个民族发展中更基本、更深沉、更持久的力量。"[①]为什么这么说呢?当前我们讲的文化自信主要就是对中国特色社会主义文化的自信,"中国特色社会主义文化,源自于中华民族五千多年文明历史所孕育的中华优秀传统文化,熔铸于党领导人民在革命、建设、改革中创造的革命文化和社会主义先进文化,根植于中国特色社会主义伟大实践"[②]。然而在我的课堂上,学生们一谈到文化自信的问题,涉及的内容多是对中华优秀传统文化的自信,穿汉服、读古诗词、过传统节日这些都被青年学生视为文化自信的表现。汉服、古诗词、传统节日当然是让"我之为我"的特性,但只是历史的一部分,文化自信还需要更鲜活的东西,对当下文化的自我承认,其内核是对社会主义核心价值观的自信。

探寻中华文化基因,最终目的是文化自强。就当下而言,文化自强就是建设社会主义文化强国,也就是在实践中推进中华文化的现代化,在独立性、自觉性的基础上充分发挥文化的主动性,实现生产方式、生活方式、精神领域的全面跃升。通过对文化基因的探寻,找到中华文化中的优秀基因,激活其在当代的发展。这个过程也就是中华优秀传统文化的创造性转化和创新性发展,是中华文化为人类文明发展提供思想资源的过程。在这个过程中,中华文化的特殊性将发展为

---

① 习近平:《决胜全面建成小康社会 夺取新时代中国特色社会主义伟大胜利——在中国共产党第十九次全国代表大会上的报告》,人民出版社2017年版,第23页。
② 习近平:《决胜全面建成小康社会 夺取新时代中国特色社会主义伟大胜利——在中国共产党第十九次全国代表大会上的报告》,人民出版社2017年版,第41页。

附录　近年来我对马克思主义文化综合创新的一些思考

新的普遍性，马克思所说的地方的、民族的狭隘性会被打破，中华文化将超越地域民族局限，为人类发展贡献其独特的智慧，并真正发展成为世界性的文化。

三　坚守中华文化立场

"坚守中华文化立场"这个表述最早出现在 2017 年 10 月的正式文件中："发展中国特色社会主义文化，就是以马克思主义为指导，坚守中华文化立场，立足当代中国现实，结合当今时代条件，发展面向现代化、面向世界、面向未来的，民族的科学的大众的社会主义文化，推动社会主义精神文明和物质文明协调发展"①。五年后，相关的表述是："坚守中华文化立场，提炼展示中华文明的精神标识和文化精髓，加快构建中国话语和中国叙事体系，讲好中国故事、传播好中国声音，展现可信、可爱、可敬的中国形象。"②思想政治理论课要及时融入党中央最新会议的相关精神，我在讲授文化专题的时候，专门带领学生学习相关文件内容。为了讲好道理，我还进一步思考并引导学生思考：为什么要强调"坚守中华文化立场"？坚守中华文化立场要坚守的到底是什么？中华文化立场与中国形象有什么关系？

人们总会戏称在微信朋友圈晒什么就是缺什么，这有一定道理，但也犯了以偏概全的错误。当我们提及一个事物的时候，不一定是因为缺乏，也可能是单纯地想强调对它的重视。"坚守中华文化立场"的提出就是出于对其"强调"之目的，新时代中国特色社会主义文化建设需要强调文化的主体性。我们要进一步发问：为什么到了新时代需要强调"中华文化立场"？因为"新时代"中国和世界都发生了深

---

① 习近平：《决胜全面建成小康社会　夺取新时代中国特色社会主义伟大胜利——在中国共产党第十九次全国代表大会上的报告》，人民出版社 2017 年版，第 41 页。
② 习近平：《高举中国特色社会主义伟大旗帜　为全面建设社会主义现代化国家而团结奋斗——在中国共产党第二十次全国代表大会上的报告》，人民出版社 2022 年版，第 45—46 页。

刻变化，这种变化是我们理解新时代的大背景，也就是习近平总书记说的"两个大局"。从文化的层面理解"两个大局"就能明白为什么在新时代我们要强调"坚守中华文化立场"。"世界百年未有之大变局"，从文化层面看就是冷战结束后美国文化霸权在全球的扩张势头逐渐减弱，这背后是文化的多元化与趋同化的矛盾交织。这个过程中，文化多元化是显性的，这种多元化源于对美国文化霸权的对抗，背后彰显了各民族、国家文化主体性的发展。类似于对生态多样性的追求，文化多元化的推进是一种在深刻反思后有意识的矫正行为。很多时候形式上的多元追求反而掩盖了内容上的趋同化。文化的趋同化是隐性的，伴随着信息技术的发展，在自媒体的推动下，看似多元的文化实质上呈现出一种趋同化的态势。资本逻辑在自媒体领域演变为流量逻辑，对流量的追求成为文化产品创作的重要指挥棒，"短平快"的形式下，内容演化为一个个搞怪、搞笑、猎奇的"爽点"。"多元"的文化在主动展示与被动观看中被迫重塑，塑造得更符合流量的逻辑，从这个意义上说，坚守中华文化立场，就是为了在多元化与趋同性的矛盾交织中保持文化的独立性和自省性。"中华民族伟大复兴的战略全局"，从文化层面看就是中华文化的复兴，这种复兴不是文化上的"唯我独尊"，称霸世界，而是中华文化以其独特智慧为人类文明发展提供新的普遍性。坚守中华文化立场，就是为了保存和发展中华文化的独特智慧。

坚守中华文化立场要坚守的到底是什么呢？如果我们从内容层面来理解，中华文化主要包含中华优秀传统文化、革命文化和中国特色社会主义先进文化三个部分。那么坚守中华文化立场能否分别对应这三个方面的立场呢？这在逻辑上有些讲不通，一个立场变成了三个立场，三个立场之间有何关联和共同的本质吗？在思考这个问题的时候，我主要思考的是中华文化立场的本质是什么这一关键问题。从本质上看，中华文化立场体现的是马克思主义的立场和中国人民立场的统一。马克思主义的立场，主要指政治上的立场，即无产阶级的立场，这决定了中华文化的底色是红色，其价值目标是无产阶级和人类的解放，其发展特征是批判性（革命性）的。中国人民的立场，主要凸显中华文化的主体性。中国人民是一个历史概念，它在历史长河中缔造着中华文化，中华文化是中国人民安身立命之所在。中华文化的主体性体现为中国人民对其安身立命之文化的自觉，体现为中国人民对其悠久独特之文化的自信，更体现为中国人民对文化自强的不懈追求。

文化立场与中国形象的关系是什么？我目前查到的文献中，习近平总书记最早在公开场合谈论中国形象的问题中指出："要注重塑造我国的国家形象，重点展示中国历史底蕴深厚、各民族多元一体、文化多样和谐的文明大国形象，政治清明、经济发展、文化繁荣、社会稳定、人民团结、山河秀美的东方大国形象，坚持和平发展、促进共同发展、维护国际公平正义、为人类作出贡献的负责任大国形象，对外更加开放、更加具有亲和力、充满希望、充满活力的社会主义大国形象。"[1] 四个"大国形象"的概括，有其针对性，文明与野蛮相对，东方与西方相对，负责任与不负责相对，社会主义与资本主义相对。文明、东方、负责任、社会主义四个方面是我们在历史长河中形成的，也是世界上大部分国家对我们的认识和理解，但这理解很大程度上是抽象的，还掺杂很多刻板印象的成分。习近平总书记在文明、东方、负责任、社会主义四个"大国形象"前加了定语，把中国四个方面的大国形象具体化、丰富化。2022年10月，在谈到"坚守中华文化立场"时，习近平总书记又提到了"展现可信、可爱、可敬的中国形象"[2]。从塑造中国形象到展现中国形象的提法变化，是中华文化繁荣发展的重要体

---

[1] 《习近平谈治国理政》第一卷，外文出版社2018年版，第162页。
[2] 习近平：《高举中国特色社会主义伟大旗帜　为全面建设社会主义现代化国家而团结奋斗——在中国共产党第二十次全国代表大会上的报告》，人民出版社2022年版，第45—46页。

现。塑造中国形象是向世界展现中国形象的前提和基础，塑造和展示的中国形象内核具有高度的一致性，这种一致性最集中的体现就是对中华文化立场的坚守。中国形象不是某种抽象的概念化的东西，其最核心的就是文化形象，中国人民是中华文化的缔造者，因此中国形象也就是中国人民的形象。"可信、可爱、可敬"的中国形象背后是"可信、可爱、可敬"的中国人民。

四 中华优秀传统文化发展的"悖论"——兼论"第二个结合"的实质

中华优秀传统文化是中华文化的"根"和"魂"，它的发展涉及创造性转化、创新性发展和"第二个结合"（马克思主义基本原理同中华优秀传统文化相结合）的问题。一位搞社会学研究的同事曾与我探讨过一个问题，这是他对乡土文化发展过程中的困惑，我姑且将这一困惑命名为"中华优秀传统文化发展的'悖论'"。他认为文化属于上层建筑，其发展有特定的经济基础，经济基础决定上层建筑，在现代社会中传统文化发展的经济基础正在消失，传统文化自身的存续都成问题，又何谈发展？

这个被冠以"悖论"之名的观点，似乎颇具洞察力地揭示了"核心问题"，实则浮于表面。深入剖析，其症结可以归纳为三个方面。

第一是概念不明晰，文化是否属于经济基础。从上文分析的文化概念的内涵可以知道，广义的文化实际上涵盖了经济基础与上层建筑两个层面，当然我们日常论述的文化概念一般都是狭义层面的。说传统文化发展的经济基础正在消失，所表达的是狭义的、观念层面的文化。在狭义层面，马克思主义基本原理承认经济基础对上层建筑的决定作用的同时，也强调上层建筑的反作用。此外，在谈到经济基础和上层建筑的时候，还有另一对相关概念会被提及：社会存在和社会意识。曾经有学生问过我：上层建筑是否等于社会意识？对以上概念进行明晰就可以知道①,答案是"否"。上层建筑由政治上层建筑和观念上层建筑两部分组成,狭义的文化主要指观念上层建筑。因此,我们也可以说文化属于社会意识范畴,作为社会意识的文化与社会存在的发展具有不完全同步性和不平衡性。

第二是对"决定"的机械理解。在马克思主义发展史上,那些非马克思主义者反马克思主义、攻击马克思主义的套路之一就是把马克思主义解读为"经济决定论",捍卫马克思主义的一些学者则力证马克思主义不是"经济决定论"。笔者认为,这里关键的问题是:如何理解"决定"的含义,经济基础对上层建筑、社会存在对社会意识的"决定"到底是什么意思?马克思在《〈政治经济学批判〉序言》中写道:"这些生产关系的总和构成社会的经济结构,即有法律的和政治的上层建筑竖立其上,并有一定的社会意识形态与之相适应的现实基础。物质生活的生产方式制约着整个社会生活、政治生活和精神生活的过程。"②后一句话也被简化为经济决定政治、文化。从文本中我们可以看到,在经典作家那里"决定"的含义首先是基础,强调经济基础,认为社会存在是文化产生的前提、先决条件。"决定"还有制约的意思,制约不是说限制得死死的,而是强调经济基础、社会存在为文化发展划定了边界。

第三是忽视了文化发展的辩证法。"辩证法在对现存事物的肯定的理解中同时包含对现存事物的否定的理解,即对现存事物的必然灭亡的理解;辩证法对每一种既成的形式都是从不断地运动中,即从它的暂时性方面去理解;辩证法不崇拜任何东西,按其本质来说,它是批判的和革命的。"③文化的发展是一个不断否定之否定的过程,它不

---

① 谈到概念的明晰,自然就想到张岱年对西方哲学中"逻辑解析"法的推崇(本书第二章第三节),"把不同的意谓分别开,把混淆的语言弄清楚",这恰是中国传统思维方式中所欠缺的。
② 《马克思恩格斯选集》第二卷,人民出版社2012年版,第2页。
③ 《马克思恩格斯选集》第二卷,人民出版社2012年版,第94页。

会一蹴而就。"随着经济基础的变革，全部庞大的上层建筑也或慢或快地发生变革。"①中国的大部分农村地区，作为上层建筑的文化变革相对缓慢。"变革"是一个动态的过程，是一个既克服又保留的过程，不会说立马消失得无影无踪。如果对这个过程做形而上学的理解，就会把经济基础的变革和上层建筑的变革简单化：地基消失了，房顶也就坍塌了。从辩证法的角度看，所谓传统文化的"消失"更确切地说是发展，文化发展中文化自觉发挥的作用就是基因的分析筛选，文化自觉下的发展就是把传统文化中的优良基因发扬光大。

这个所谓"悖论"的升级表达是在"第二个结合"论域中，当我们谈论马克思主义基本原理同中华优秀传统文化相结合的时候，中华优秀传统文化属于前现代的文化，马克思主义属于现代的文化，二者的结合何以可能？对这个问题的回答，现有研究成果给出的解答较为一致，即从二者的契合性或耦合性来解释，在关于契合（或耦合）的论述中一种是从二者特点②的一致性论证，另一种是从二者在一些主要观点上的一致性论证，甚至有论者提出从内容上看，二者在立场观点方法上内在相通、高度契合③。学术界对这个问题的讨论很有启发性，但笔者觉得所谓的契合、耦合、相通还是没能正面回应前现代文化与现代文化结合何以可能的问题。契合相通讲得过火了，还会给理论功底不深的群众一种错觉，马克思主义的东西在我们老祖宗的传统里都有，至少能找到影子。在回应这个问题之前，我们先要对问题本身进行清晰完整的描述和理解。把"第二个结合"说成是马克思主义与中华优秀传统文化的结合，进而推到现代文化与前现代文化的结合，这不准确，因为"原理"具有跨越时代的普遍性。马克思主义基

---

① 《马克思恩格斯选集》第二卷，人民出版社2012年版，第3页。
② 学者所用术语有理论品质、理论品格、文化特质、文化秉性等。
③ 秦志龙、毛华兵：《马克思主义基本原理同中华优秀传统文化相结合研究述要》，《理论视野》2023年第10期。

本原理对马克思主义基本立场观点方法的集中概括,"原理"与"文化"相结合并不是两种文化形态的混合,其实质是:以马克思主义的基本立场观点方法为指导和根本遵循,对中华优秀传统文化中的优良基因加以改造,以促进中华文化整体发展提升。马克思主义世界观和方法论的独特性、先进性决定了它与包括中华传统文化在内的其他思想理论有本质的区别,这种区别最主要的体现就在基本立场和基本方法上。马克思主义的基本观点随着时代发展不断丰富,因为不同时代、不同阶段人类面临的主要问题不尽相同,即便是同样的问题在不同时代、不同地区的展开层次也不尽相同。

"马克思主义基本原理同中华优秀传统文化相结合"关注的是用中华优秀传统文化来丰富和发展马克思主义,如果将这一过程简单理解为用一种前现代的文化来丰富和发展现代的文化,那就大错特错了。与西方哲学相比,中国传统哲学偏重现实生活、人生观的研究,因此中国传统哲学中伦理学独树一帜。马克思主义哲学颠覆了西方的哲学传统,不再像黑格尔一样执着于构建宏大的哲学体系,他关注现实的人,关注人的现实生活,在这一点上它与中国传统哲学具有一致性。但马克思关注现实生活的方式进路与中国传统哲学迥异,马克思主要从经济生活入手分析,中国传统哲学则偏重伦理,在这个意义上我们说二者可以互通有无、相互结合。二者结合,不是把中国传统哲学有关人生问题的结论直接拿来用。理论尤其是哲学理论对于人类社会的价值绝不是个别结论,而是提问方式、思维方式,在这一点上中国传统哲学与马克思主义哲学都如此。所以当我们说用中华优秀传统文化来丰富和发展马克思主义时,更主要的是说我们今天发展马克思主义需要关注人生观、伦理学的问题,而其中一些问题在中华优秀传统文化中早已经被提出、被思考过,一些伟大的思考可以启迪我们今天在马克思主义指导下重新提出和探讨问题。

参考文献

一 著作

《马克思恩格斯全集》第十九卷,人民出版社1963年版。

《马克思恩格斯选集》第一、二、三卷,人民出版社2012年版。

《列宁选集》第二卷,人民出版社2012年版。

《邓小平文选》第三卷,人民出版社1993年版。

习近平:《决胜全面建成小康社会 夺取新时代中国特色社会主义伟大胜利——在中国共产党第十九次全国代表大会上的报告》,人民出版社2017年版。

习近平:《高举中国特色社会主义伟大旗帜 为全面建设社会主义现代化国家而团结奋斗——在中国共产党第二十次全国代表大会上的报告》,人民出版社2022年版。

《习近平谈治国理政》第一卷,外文出版社2018年版。

艾思奇:《艾思奇文集》第一卷,人民出版社1981年版。

陈来主编:《不息集——回忆张岱年先生》,北京大学出版社2005年版。

范学德:《综合与创造——论张岱年的哲学思想》,教育科学出版社1989年版。

方克立:《现代新儒学与中国现代化》,长春出版社2008年版。

费孝通:《文化与文化自觉》,群言出版社2010年版。

冯桂芬:《校邠庐抗议》,上海书店出版社 2002 年版。

干春松:《超越激进与保守——张岱年与综合创新文化观》,中州古籍出版社 2009 年版。

耿彦君:《唯物辩证法论战研究》,社会科学文献出版社 2005 年版。

郭双林:《"甲寅派"与现代中国社会文化思潮》,人民出版社 2015 年版。

郭一曲:《现代中国新文化的探索——张申府思想研究》,广东人民出版社 2002 年版。

郭湛波:《近五十年中国思想史》,山东人民出版社 1997 年版。

胡适:《胡适全集》第二、三卷,郑大华整理,安徽教育出版社 2003 年版。

季羡林:《季羡林文化沉思录》,中国工人出版社 2009 年版。

李维武:《20 世纪中国哲学本体论问题》,湖南教育出版社 1991 年版。

李泽厚:《中国现代思想史论》,天津社会科学院出版社 2004 年版。

李泽厚:《走我自己的路》,生活·读书·新知三联书店 1986 年版。

李宗桂:《文化批判与文化重构——中国文化出路探讨》,陕西人民出版社 1992 年版。

梁启超:《清代学术概论》,朱维铮校注,中华书局 2010 年版。

梁漱溟:《东西文化及其哲学》,商务印书馆 2005 年版。

刘鄂培、杜运辉、吕伟编:《张岱年哲学研究》,昆仑出版社 2010 年版。

刘鄂培、杜运辉编著:《张岱年先生学谱》,昆仑出版社 2010 年版。

刘鄂培主编:《综合创新——张岱年先生学记》,清华大学出版社 2002 年版。

刘静芳:《综合创造的哲学与哲学的综合创造——张岱年哲学思想研究》,上海人民出版社 2009 年版。

刘军、汪澄清主编:《中华腾飞的哲学奠基——王东教授学术思想文集》,人民出版社 2009 年版。

刘军平:《传统的守望者——张岱年哲学思想研究》,人民出版社2007年版。

刘黎红:《五四文化保守主义思潮研究》,中国社会科学出版社2006年版。

鲁迅:《鲁迅全集》第一卷,人民文学出版社1981年版。

宋小庆、梁丽萍:《关于中国本位文化问题的讨论》,百花洲文艺出版社2004年版。

苏渊雷:《苏渊雷全集·哲学卷》,华东师范大学出版社2008年版。

王东:《五四精神新论》,中国青年出版社2009年版。

王东主编:《时代精神与马克思主义哲学创新》,人民出版社2011年版。

王中江主编:《中国哲学的转化与范式——纪念张岱年先生九十五诞辰暨中国文化综合创新学术研讨会文集》,中州古籍出版社2006年版。

许纪霖、田建业编:《杜亚泉文存》,上海教育出版社2003年版。

张岱年、程宜山:《中国文化与文化论争》,中国人民大学出版社1990年版。

张岱年:《通往爱智之门——张岱年自传》,北京大学出版社2011年版。

张岱年:《张岱年全集》,河北人民出版社1996年版。

张岱年:《张岱年学述》,林大雄整理,浙江人民出版社1999年版。

张立文:《和合学——21世纪文化战略的构想》上卷,中国人民大学出版社2006年版。

张申府:《所思》,生活·读书·新知三联书店2014年版。

张申府:《张申府文集》第一卷,河北人民出版社2005年版。

哲学研究编辑部编辑:《中国哲学史问题讨论专辑》,科学出版社1957年版。

郑观应:《盛世危言》,辛俊玲评注,华夏出版社2002年版。

[美]弗朗西斯·福山:《历史的终结及最后之人》,黄胜强、许铭原译,

中国社会科学出版社2003年版。

[美]弗雷德里克·詹姆逊:《现代性、后现代性和全球化》,王逢振、王丽亚等译,中国人民大学出版社2018年版。

[德]黑格尔:《小逻辑》,贺麟译,商务印书馆2005年版。

[美]莫里斯·迈斯纳:《李大钊与中国马克思主义的起源》,中共北京市委党史研究编译组译,中共党史资料出版社1989年版。

[美]塞缪尔·亨廷顿:《我们是谁?——美国国家特性面临的挑战》,程克雄译,新华出版社2005年版。

[美]舒衡哲:《张申府访谈录》,[美]李绍明译,北京图书馆出版社2001年版。

[美]田辰山:《中国辩证法:从〈易经〉到马克思主义》,萧延中译,中国人民大学出版社2008年版。

[美]詹明信:《晚期资本主义的文化逻辑》,张旭东编,陈清侨、严锋等译,生活·读书·新知三联书店2013年版。

二 论文

陈铃:《国难下的"新道德"大讨论》,《文史精华》2011年第2期。

陈卫平:《理论创新·评价公正·知识普及——繁荣发展哲学社会科学之我见》,《学术界》2004年第6期。

杜运辉:《"兼和"与"和合"辨析》,《高校理论战线》2009年第5期。

杜运辉:《张岱年"新唯物论"哲学初探》,《中国社会科学院研究生院学报》2007年第2期。

方克立:《关于文化体用问题》,《社会科学战线》2006年第4期。

费孝通:《反思·对话·文化自觉》,《北京大学学报》(哲学社会科学版)1997年第3期。

顾乃忠:《文化融合论的文化转型论批判——兼评张岱年、方克立的"综合创新"文化观》,《中共浙江省委党校学报》2005年第2期。

洪晓楠:《论"综合创新论"文化观》,《中州学刊》1998年第2期。

李存山:《张岱年先生与新唯物论》,《哲学研究》2005年第9期。

李泽厚:《漫说"西体中用"》,《孔子研究》1987年第1期。

李泽厚:《中国思想史杂谈》,《复旦学报》(社会科学版)1985年第5期。

刘静芳:《价值论研究:从张岱年到冯契》,《华东师范大学学报》(哲学社会科学版)2011年第1期。

刘仲林:《中国哲学与文化创新之源——张岱年"综合创新论"钩玄》,《天津师范大学学报》(社会科学版)2010年第1期。

秦志龙、毛华兵:《马克思主义基本原理同中华优秀传统文化相结合研究述要》,《理论视野》2023年第10期。

王东、林锋:《马克思哲学创新实质新探》,《北京行政学院学报》2006年第5期。

王东:《张岱年学术思想的六大理论创新》,《河北学刊》2004年第4期。

王东:《中华文明的文化基因与现代传承(专题讨论)中华文明的五次辉煌与文化基因中的五大核心理念》,《河北学刊》2003年第5期。

王泽应:《张岱年对20世纪中国伦理思想的贡献》,《南通大学学报》(社会科学版)2007年第5期。

杨学功:《中国式现代化与"综合创新"文化观》,《北京行政学院学报》2024年第3期。

张岱年、王东:《中华文明的现代复兴和综合创新》,《教学与研究》1997年第5期。

张岱年:《新千年感言中华民族伟大复兴的世纪》,《中国社会科学院研究生院学报》2001年第1期。

张立文:《超越与创新——答李存山先生》,《学术月刊》1999年第10期。

张允熠:《评〈中国大陆复兴儒学的现实意义及其面临的问题〉》,《高校理论战线》1997年第4期。

[美]杜维明:《文明间对话的最新路径与具体行动》,《开放时代》2007年第1期。

三　报纸

方克立:《张岱年先生的"兼和"思想》,《北京日报》2009年6月15日第19版。

四　网络文献

[美]福山:《日本要直面中国世纪——弗朗西斯·福山接受关西大学名誉博士学位时的演讲》,2016年11月22日,http://www.aisixiang.com/data/32320.html,2024年7月18日。

后　记

"文化"是我从大学时就思考和研究的重要问题，进入研究生阶段后，我渐渐明晰了自己的研究方向，有幸在求索的道路上找到了"综合创新"的大智慧。硕士阶段对回族文化的研究算是对自己本民族文化的一种自觉和反思，博士阶段的研究则是对整个中国文化和世界文明的自觉和反思。

博士学位论文从选题到写作的整个过程都凝聚着恩师王东先生的心血。博士入学前我只知道恩师的研究领域是文本和文献学方向，我曾试探性地问恩师，这是否意味着我将放弃对文化问题的兴趣。恩师说："每个学生都是尚未雕琢的玉石，我们会根据它的纹理来加以雕琢。"当时听到这话心里十分高兴，现在想来自己未免惭愧。恩师总是孜孜不倦地引导我、鼓励我，而我到现在充其量不过是"无才可去补苍天"的顽石一块。想来顽石也还有用，可作"铺路石"。

不知从何时起，每周三例行的学术共同体活动，我都要向恩师汇报论文的新进展，恩师也会不厌其烦地督促我一遍遍地修改。这一过程起初是漫长而艰苦的，有时好几个月都在讨论一个稿子，修改了数遍都不理想，整个人几乎走到了崩溃的边缘。每当撑不下去的时候，恩师的话语就会在耳旁回荡："现在的人最缺乏的是精神！"

除了恩师之外，论文的出炉还要感谢：张岱年先生的家人和弟子，他们对先生论著的整理和研究工作为我的研究奠定了基础；丰子义、郭建宁、聂锦芳、仰海峰、杨学功几位老师在我论文的选题和写作过程中提供了许多宝贵的意见和热情的帮助；学术共同体的每一位成员，尤其是贾向云、李喆、王嘉、夏丁敏见证了我论文写作的整个过程。

本书在我博士学位论文的基础上增加了附录，这部分是我参加工作以后在此方向上持续思考的一些片段，可算是我对博士学位论文的"接着讲"。我博士毕业后进入高校担任思想政治理论课教师，在讲授硕士研究生的政治课文化专题的过程中，在参加首届全国高校思想政治理论课教学展示活动的过程中，对马克思主义文化综合创新的问题进行了思考，附录部分就是这些思考的集中展示。

最后，感谢昆明理工大学马克思主义学院和昆明理工大学人文社科研究院对本书出版的资助。

纳雪沙

2024 年 7 月